GABRIELE WENZEL

Hieroglyphen

GABRIELE WENZEL

Hieroglyphen

*Schreiben und lesen
wie die Pharaonen*

nymphenburger

Bildnachweis:

akg-images, Berlin, S. 58 unten; Bildarchiv Preußischer Kulturbesitz, Berlin, S. 58 oben
(P. Garbe), S. 89 unten (M. Büsing); Kestner-Museum, Hannover, S. 55 unten, S. 57;
Jürgen Liepe S. 8, 9, 27, 28, 65 unten, S. 103; Roemer- und Pelizaeus-Museum, Hildesheim,
S. 7; Uni-Dia-Verlag, Großhesselohe, S. 10, 29; Holger Wenzel S. 25.

Illustrationen: Gabriele Wenzel

In manchen Fällen konnte der Bildrechteinhaber nicht ausfindig gemacht werden.
Gegebenenfalls bitten wir, die Ansprüche beim Verlag geltend zu machen.

Die übliche ägyptologische Umschrift der Hieroglyphen mit zahlreichen Sonderzeichen
wurde zur leichteren Lesbarkeit durch eine dem deutschen Alphabet angepasste Lautschrift ersetzt.
Alle im Text kursiv geschriebenen Begriffe werden im Glossar erläutert.

Besuchen Sie uns im Internet unter http://www.herbig.net

© 2001 nymphenburger in der F. A. Herbig Verlagsbuchhandlung GmbH München.
Alle Rechte, auch der fotomechanischen Vervielfältigung und
des auszugsweisen Abdrucks, vorbehalten.
Schutzumschlag: Wolfgang Heinzel
Schutzumschlagfotos: Jürgen Liepe (mitte und rechts),
Roemer- und Pelizaeus-Museum Hildesheim (links)
Satz: Gramma GmbH, München
Gesetzt aus der ITC Century 10,5 pt./14,173 pt. und der Optima 18 pt./17,717 pt.
Druck und Binden: Westermann Druck GmbH, Zwickau
Printed in Germany

ISBN 3-485-00891-5

INHALT

DIE ÄGYPTISCHE SPRACHE UND SCHRIFT

Die Kenntnis der altägyptischen Sprache war für viele Jahrhunderte verloren gegangen, da in Ägypten infolge der arabischen Eroberung (642 n. Chr.) nicht mehr die Sprache der Pharaonen, sondern Arabisch gesprochen wird. Nur die Priester der ägyptisch-koptischen Kirche halten ihre Messe bis auf den heutigen Tag in einer – allerdings veränderten – Spätform des Altägyptischen, der »Koptischen Sprache«, ab. Doch auch die Besucher dieser Gottesdienste verstehen das Koptische nicht mehr – ähnlich wie in Europa vor nicht allzu langer Zeit, als große Teile der katholischen Messe in Latein gelesen wurden, das nur wenige beherrschten.

Die Schriftzeichen, mit denen die Ägypter ihre Sprache schrieben, bezeichnen wir heute als Hieroglyphen. Dieser Ausdruck stammt aus dem Griechischen, übersetzt lautet er »heilige Vertiefungen«. Die meisten ägyptischen Inschriften wurden in Stein gemeißelt, daher waren die Zeichen tatsächlich in den Stein vertieft. Die Ägypter selbst sprachen von den Hieroglyphen als *medu-netscher*, das heißt übersetzt »Gottesworte«, oder auch *sesch en medu-netscher*, zu Deutsch »Schrift der Gottesworte«.

Die frühesten Funde mit Schriftzeichen stammen – nach den Ergebnissen jüngster Forschungen – aus *Abydos*; sie datieren in die Zeit um 3400 – 3300 v. Chr. Es handelt sich um kurze Vermerke aus wenigen Zeichen, die in Lautschrift den Inhalt eines Gefäßes, seinen Besitzer oder auch den Herkunftsort bezeichnen. Die Schrift wurde also nicht plötzlich »erfunden«; vielmehr entwickelte sie sich organisch aus der Notwendigkeit, Namen und Bezeichnungen bestimmter Orte oder Personen des zu dieser Zeit schon sehr ausgedehnten ägyptischen Staatsgebietes notieren zu müssen. Es verging noch viel Zeit, bis das Schriftsystem so weit entwickelt war, dass sich damit auch komplexe Gedanken oder Vorgänge ausdrücken ließen. Die ältesten längeren Inschriften, vor allem Aufzählungen von Beamten- und Eh-

Inschrift vom Sarg des Idu. Der Deckel und die Außenseiten des Sarges aus Zedernholz sind mit einer waagerechten, von rechts nach links laufenden Inschriftenzeile in versenktem Relief versehen. Diese gibt ein Gebet an den Totengott Anubis und eine Bitte um ausreichende Versorgung im Jenseits wieder. Unter der Inschrift ist ein Augenpaar zu sehen, die so genannten »Udschat-Augen«, die als Amulett zum Schutz von Idus Mumie verstanden werden können (Pelizaeus-Museum, Hildesheim).

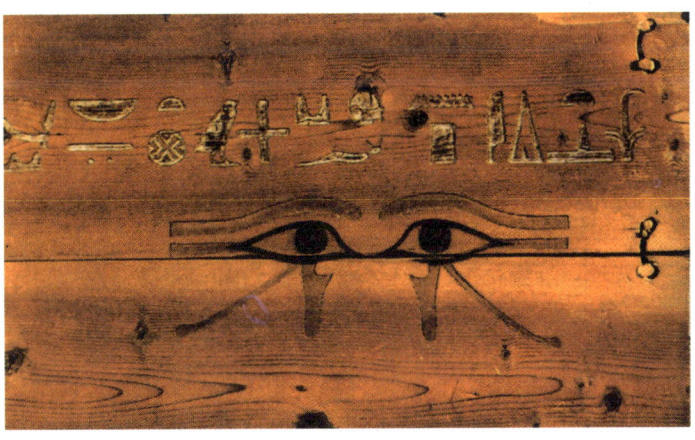

rentiteln und Listen von Opfergaben, stammen aus der 3. Dynastie (ca. 2682 – 2614 v. Chr.).

Als Schriftträger diente nahezu alles, was im Leben und vor allem im Tode der Ägypter eine Rolle spielte. Die Wände und Säulen der Tempel zeigen nicht nur eine Fülle von Darstellungen, sondern tragen auch Inschriften, entweder als Erläuterungen zu den Bildern oder als eigenständige Texte. Das Gleiche gilt für die Gräber der Könige, Beamten und Handwerker. Auch sämtliche Gegenstände der Grabausstattung können beschriftet sein, vor allem natürlich Statuen, Särge und *Kanopen*, doch auch Möbel, Gefäße oder Kosmetikutensilien, ja sogar Stoffe und Schmuck.

Besonders zahlreich sind die *Stelen*, die zu verschiedenen Zwecken hergestellt wurden. Der weitaus größte Teil stammt aus Gräbern und enthält eine Darstellung des Verstorbenen, allein oder im Kreis seiner Familie, sowie ein – oft sehr ausführliches – Gebet an einen oder mehrere Totengötter wie *Osiris* oder *Anubis* und zahlreiche Bitten und Wünsche für sein jenseitiges Leben. In einigen Fällen finden sich dabei auch biografische Angaben zum Leben bzw. zur Karriere des Besitzers der *Stele*. Die zweite, kleinere Gruppe diente der Verherrlichung eines Gottes oder der Taten des regierenden Pharaos. Zu dieser Gruppe gehört die *Stele Amenophis' III.*, die ehemals in seinem *Totentempel* auf dem Westufer des Nils in *Theben* aufgestellt war und den Sieg des Königs über die Feinde Ägyptens feiert (s. Abbildung).

Das Detail der Stele Amenophis' III. *zeigt den König im Streitwagen unter der Geiergöttin* Nechbet, *die ihre Flügel schützend über ihm ausbreitet und ihm die Schriftzeichen für* »Leben, Dauer und Wohlergehen« *(*anch, dsched, was*) entgegenhält. Direkt vor dem König sind zwei seiner Namen mit den dazugehörigen Titeln zu lesen:* »Der gute Gott Nebmaat-re, *der Sohn des* Re Amenophis, Herrscher in Theben« *(Ägyptisches Museum, Kairo).*

Eine Inschrift am unteren Rand der *Stele* erläutert die dargestellte Szene: »Alle Länder, alle Staaten und alle Völker, Mesopotamien, das elende Kusch (Gebiet im heutigen Sudan), das obere und das untere *Retschenu* sind zu Füßen dieses vollkommenen Gottes (des Königs)«.

Eine Fülle von literarischen, religiösen, medizinischen und mathematischen Texten, Verwaltungsakten und Gerichtsprotokollen überliefern schließlich Pa-

pyrusrollen, die dank des trockenen ägyptischen Klimas in großer Zahl erhalten sind.

Bislang mögen die ägyptischen Schriftzeichen noch rätselhaft und geheimnisvoll erscheinen, doch wird nach Lektüre dieses Buches ein
großer Teil davon verständlich sein. Allerdings
ist es zumindest anfangs nicht ganz einfach, die
Hieroglyphenschrift zu erlernen – aus mehreren
Gründen. Versucht man z. B., die Anzahl verschiedener Zeichen auf der Abbildung aus dem
Grab des *Sen-nefer* (S. 10) zu zählen, so stellt
man sehr schnell fest, dass man in Ägypten viel
mehr »Buchstaben« verwendete als in den meisten anderen Schriften: insgesamt über 700
Stück. Doch keine Angst, viele davon muss man
gar nicht auswendig lernen, da man die Bedeutung eines Zeichens oft einfach erraten kann.
Dazu später noch mehr.

Auf den ersten Blick könnte sogar der Eindruck entstehen, man
müsste gar nichts lernen. Denn sämtliche Zeichen stellen eigentlich
kleine Abbildungen von Tieren, Pflanzen, Menschen oder Gegenständen dar. Doch obwohl das Ganze aussieht wie eine Bilderschrift, handelt es sich dennoch vor allem um eine Lautschrift. Mit einer Bilderschrift hätten sich schließlich viele Sachverhalte gar nicht darstellen
lassen. Sätze wie: »Ich kann es kaum noch erwarten, bis mein Urlaub
beginnt« kann man leicht schriftlich ausdrücken – bildlich dagegen
wäre es kaum möglich.

Es gibt noch einen weiteren Unterschied zwischen der ägyptischen
und unserer heutigen Schrift: Das Altägyptische kannte verschiedene
Schreibrichtungen. Sämtliche europäischen Schriften laufen von links
nach rechts, nur bei Leuchtreklamen können die Buchstaben einzelner Wörter ausnahmsweise auch untereinander gesetzt werden. Die
arabische Schrift läuft dagegen von rechts nach links; arabische Bücher werden daher »von hinten« gelesen.

Die Ägypter konnten nun ihre Hieroglyphen so schreiben, wie sie
wollten oder wie es gerade am besten passte: von links nach rechts,
von rechts nach links oder von oben nach unten. Das hört sich kompliziert an, verursacht aber dennoch kaum Probleme. Es gibt ein ganz
einfaches Mittel, die jeweilige Schreibrichtung festzustellen: Sämtliche Hieroglyphen sind stets auf den Anfang der Zeile ausgerichtet. Das

*Statue eines Schreibers
aus farbig bemaltem
Kalkstein. Seine Augen
sind mit Kupfer, Quarz
und Bergkristall einge-
legt, um einen möglichst
lebendigen Eindruck ent-
stehen zu lassen. Der
Schreiber sitzt, wie es in
Ägypten üblich war, mit
untergeschlagenen Bei-
nen auf dem Boden. Auf
seinen Oberschenkeln
hält er einen an beiden
Seiten eingerollten Papy-
rus und darunter ein
Holzbrett als Schreib-
unterlage. Sein Blick ist
nicht auf den Papyrus,
sondern geradeaus
gerichtet, so als warte er
auf ein Diktat (Ägyp-
tisches Museum, Kairo).*

9

Der Bürgermeister von Theben, Sen-nefer, und seine Frau Merit, eine Sängerin im Tempel des Gottes Amun. Sen-nefer hält einen Stab in seiner rechten Hand, seine linke fasst einen Blumenstrauß. Er ist in einen kurzen Schurz aus weißem Leinen gekleidet, darüber fällt ein dünnes, durchsichtiges Kleid. Außerdem trägt er Armreifen und Ohrringe aus Gold, um den Hals einen breiten Kragen aus bunten Perlen und eine Kette, an der ein Amulett in Form von zwei Herzen hängt. Auch seine Frau ist festlich geschmückt; sie trägt zusätzlich einen Blütenkranz im Haar. In ihren Händen hält sie Musikinstrumente, links ein Sistrum und rechts ein Menit. Gegenüber von Sen-nefer und Merit steht ein Priester mit umgeschlungenem Leopardenfell; er spendet dem Ehepaar reines Wasser (Grab des Sennefer, Theben).

Bild oben zeigt mehrere Zeilen mit Hieroglyphen in unterschiedlicher Laufrichtung. Sie sind hier allesamt schlicht in schwarzer Farbe gemalt, doch konnten sie auch ganz bunt und detailreich ausgeführt sein. Über den Köpfen der beiden weiß gekleideten Personen, *Sen-nefer* und seiner Frau *Merit*, stehen die beiden einzigen kurzen und waagerechten Zeilen. Hier sind die Zeichen nach links orientiert – erkennbar am einfachsten an den Vogelzeichen. Das bedeutet, dass sich der Zeilenanfang links befindet und dieser Text von links nach rechts zu lesen ist. Alle anderen Zeilen sind senkrecht geschrieben. Hier ist es nun wichtig, zu erkennen, welches die erste Zeile ist, die gelesen werden muss. Auch dafür ist wieder die Blickrichtung der Zeichen wichtig. Schauen sie nach links, ist die linke Zeile die erste; schauen sie nach rechts, dann ist die rechte Zeile die erste. Bei *Sen-nefer* und *Merit* blicken die Zeichen nach links, also befindet sich dort die erste Zeile. Bei dem vor ihnen stehenden Priester schauen die Zeichen dagegen nach rechts. Hier ist also die rechte Zeile die erste. Die Zeichen haben stets dieselbe Blickrichtung wie die Personen, zu denen sie gehören; das bedeutet, dass sich allein an der Orientierung der Schrift schon erkennen lässt, auf welche der dargestellten Figuren sie sich bezieht. Diese Regel kann für die Deutung eines Bildes sehr wichtig werden, da oft wie hier fast der gesamte freie Platz auf der Wand mit Hieroglyphen ausgefüllt ist.

Woran man erkennen kann, an welcher Stelle ein Wort aufhört und ein neues beginnt, wird in den nächsten Kapiteln beschrieben. Auch das ist nicht so kompliziert, wie es scheint.

Die Schriftzeichen

Die Ägypter verwendeten nicht nur die einfachen bei uns üblichen Buchstaben. In den meisten europäischen Sprachen werden sämtliche Wörter ausschließlich mit Schriftzeichen geschrieben, von denen jedes einem einzelnen Laut entspricht. Das war in Ägypten anders.

Dort existierten verschiedene Gruppen von Schriftzeichen:

– Es gab Zeichen, die wie in der deutschen Schrift nur einen einzigen Laut wiedergeben, beispielsweise ein *B*.
– Andere Zeichen gaben eine Gruppe von Lauten wieder, ähnlich einer Silbe, wie beispielsweise *MN*.
– Außerdem existierte eine Gruppe von Zeichen, von denen jedes ein vollständiges Wort bildet (Begriffszeichen). Bei diesen Zeichen handelt es sich tatsächlich um eine Bilderschrift. Ein Beispiel ist *PR* für »das Haus«.
– Und schließlich gab es noch eine vierte Zeichengruppe, die Deutzeichen. Sie wurden nicht ausgesprochen, sondern sollten nur die Lesung der Wörter vereinfachen.

Zwei Schreiber präsentieren ihrem Herrn Chai-ef-chufu eine fertig gestellte Liste. Die Zeichen darauf sind flüchtig ausgeführt und kaum lesbar. Der Inhalt, eine Aufzählung von Speiseopfern, wird jedoch groß und ausführlich über ihren Köpfen nochmals wiedergegeben: »1000 Langhornrind-Jungtiere, 1000 Antilopen-Jungtiere, 1000 Ziegen-Jungtiere, 1000 Gazellen-Jungtiere, 1000 Graugänse, 1000 Blässgänse, 1000 Spießenten und 1000 Tauben« (Grab des Chai-ef-chufu, Giza).

Die Ein-Laut-Zeichen

Man beginnt am besten mit der ersten Zeichengruppe. Sie werden Ein-Laut-Zeichen genannt, da jedes Zeichen einen einzelnen Lautwert besitzt. Aus ihnen lässt sich eine Art Alphabet zusammenstellen; allerdings existiert nicht für jeden Buchstaben des deutschen Alphabets eine ägyptische Hieroglyphe. Die Ägypter schrieben beispielsweise keine unbetonten Vokale (Selbstlaute), sondern nur Konsonanten (Mitlaute). Außerdem gibt es weder C, L, V, X, Y noch Z, da diese Laute in der ägyptischen Sprache nicht vorkommen. Sollten fremdländische Eigennamen wie die des Königs Alexander des Großen oder der Königin Kleopatra wiedergegeben werden, so verwendete man bestimmte Zeichen als Ersatz für die fehlenden Buchstaben.

Laut	Zeichen	Darstellung
A		Das **A** existiert eigentlich nicht. Es gibt jedoch zwei Laute, die ähnlich ausgesprochen werden, das »Aleph« und das »Ain«. Das »Aleph« wurde mit dem Bild eines Schmutzgeiers geschrieben, das Zeichen des »Ain« stellt einen Arm mit flach ausgestreckter Hand und nach oben gerichteter Handfläche dar. Beide wurden von den Ägyptern bei ausländischen Namen – wie z. B. *Kleopatra* – anstelle des **A** verwendet.
B		Das **B** schreibt man mit dem Bild eines Unterschenkels mit Fuß.
C		Es gibt kein Zeichen für **C**, sondern nur eines für **CH** (siehe unten). Da man im Deutschen ein allein stehendes **C** meistens wie ein **K** ausspricht, wie in dem Namen Cornelia, kann man also statt **C** einfach ein **K** verwenden.
D		Das Zeichen in Gestalt einer Hand mit nach vorn gerichteter Innenfläche wird als **D** gelesen.
E		Für den Vokal **E** existiert wiederum kein Zeichen; stattdessen verwendete man ein **I**, wie z. B. in dem Namen *Berenike*.

Laut	Zeichen	Darstellung
F		Das Zeichen für **F** stellt eine Hornviper dar; mit ihren kleinen Hörnern könnte man sie fast für eine Schnecke halten.
G		Das **G** wird mit dem Bild eines Gefäßständers geschrieben, mit dessen Hilfe man die üblichen rundbodigen oder spitzbodigen Gefäße aufrecht stellen konnte.
H		Es existieren zwei verschiedene Arten des **H**. Das eine, dessen Vorlage eine von oben gesehene Hofmauer darstellt, wird normal wie im Deutschen ausgesprochen. Das andere **H** wird stark betont; sein Zeichen zeigt das Bild einer gezwirbelten Flachsfaser, bei der es sich wohl um einen Docht für Öllampen handelt.
I		Auch der Laut **I** existiert eigentlich nicht. Gewöhnlich liest man jedoch das Zeichen in Gestalt einer Schilfgras-Blütenrispe als **I**.
J		Den Laut **J** schreibt man mit dem Bild von zwei Blütenrispen des Schilfgrases.
K		Das normale **K** schreibt man mit dem Bild eines Henkelkorbes, dessen Flechtmuster bei großformatigen Hieroglyphen stets mit angegeben war.
L		Dieser Laut kommt in der ägyptischen Sprache nicht vor. Als Ersatzzeichen verwendete man bei ausländischen Namen – wie dem des Königs *Alexander des Großen* – den liegenden Löwen.
M		Das Zeichen für **M** hat die Gestalt einer Eule, die von anderen Vogel-Schriftzeichen am einfachsten dadurch zu unterscheiden ist, dass ihre Augen und ihr Schnabel in der Mitte des Kopfes zu sehen sind. Bei einem weiteren Zeichen mit dem Lautwert **M** steht heute noch nicht exakt fest, was es eigentlich darstellt.

Laut	Zeichen	Darstellung
N		Das **N** ist ein sehr einfach zu zeichnender Buchstabe: eine Zackenlinie mit 4, 5, 6 oder mehr Zacken, die eine schematische Welle darstellen.
O		Das **O**, wiederum ein Vokal, benötigten die Ägypter nur zur Schreibung ausländischer Namen wie *Ptolemaios*. Es stellt ein Lasso dar.
P		Das Zeichen für den Laut **P** hat die Gestalt eines kleinen Hockers.
Q		Das **Q** ist im Ägyptischen ein betont ausgesprochenes **K**. Man schreibt es mit dem Bild eines Hügels.
R		Das **R** wird mit dem Bild eines Mundes geschrieben, der direkt frontal zu sehen ist.
S		Für den Buchstaben **S** gibt es wieder zwei verschiedene Zeichen, je nachdem, ob man ihn stimmhaft (weiches S wie in »Sand«) oder stimmlos (scharfes S wie in »Nuss«) ausspricht. Das stimmhafte **S** wird mit dem Bild eines Riegels geschrieben, das stimmlose mit dem Bild eines zusammengelegten Stoffes.
T		Das Zeichen für **T** stellt ein kleines, halbrundes Brot dar, das stets auf der geraden Seite liegt.
U		Der Vokal **U** existiert wiederum nicht. Die Ägypter setzten ein **W** an seine Stelle, wenn es nötig war.
V		Auch diesen Buchstaben gibt es nicht. Im Deutschen ist es streng genommen auch kein eigener Laut, sondern wird manchmal als **W** gesprochen (wie in »Vase«), manchmal auch als **F** (wie in »Vater« oder »Vogel«). Man kann also an seiner Stelle einfach ein **F** oder **W** verwenden.
W		Das **W** wird mit dem Bild eines Wachtelkükens geschrieben.

Laut	Zeichen	Darstellung
X	ⳉ	Diesen Buchstaben gibt es in der ägyptischen Sprache nicht; er kann jedoch – ganz nach dem Vorbild *Alexanders des Großen* – einfach durch ein **K** plus ein **S** ersetzt werden: *ALEKSANDROS*.
Y	𓇌	Diesen Buchstaben gibt es ebenfalls nicht. Man verwendet stattdessen ein **I** oder ein **J**, je nachdem, wie man das **Y** ausspricht.
Z	ⳉ	Auch ein **Z** existiert als Buchstabe nicht. Ein einfaches Hilfsmittel wäre die Verwendung von **T** plus **S**. Die langsame Aussprache des Buchstaben **Z** , wie z. B. in dem Wort »Zebra«, zeigt, dass es tatsächlich wie **TS** klingt.

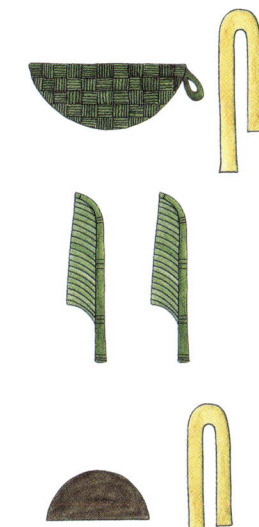

Das ägyptische Alphabet kannte außerdem noch ein paar Buchstaben, die im Deutschen nicht vorkommen:

Laut	Zeichen	Darstellung
Ch	⊘ / ✹	Für den Laut **Ch** existiert in der Hieroglyphenschrift ein einzelner Buchstabe; allerdings wird er wieder – je nach seiner Aussprache – in zwei Varianten unterschieden. Das stimmhafte **Ch** (wie im deutschen Wort »Bach«) wird mit dem Bild eines Brunnenschachtes geschrieben (oben), das stimmlose **Ch** (wie in »ich«) mit dem Bild eines Kuhfelles mit Euter (unten).
Dsch	∿	Wie der erste Buchstabe in »Jeans«. Das Zeichen stellt eine zum Angriff bereite Kobra dar.
Sch	▭	Während der Laut **Sch** im Deutschen mit drei Buchstaben geschrieben werden muss, verwendeten die Ägypter ein eigenes Zeichen: einen von oben gesehenen, rechteckigen Teich.
Tsch	⌐	Dieser Laut klingt ähnlich wie das **Dsch**, nur wird er härter ausgesprochen; man schreibt ihn mit dem Bild einer Tierfessel.

Hier nun noch einmal eine zusammenfassende Übersicht sämtlicher Ein-Laut-Zeichen. Um das Zeichnen der Hieroglyphen einzuüben, folgt man am besten der Schreibhilfe (sie wird nur für die Ein-Laut-Zeichen gegeben; für die später hinzu kommenden Zeichen lässt sich dann leicht selbst die beste Art, sie zu zeichnen, herausfinden).

Die Laute, für die in der altägyptischen Schrift keine Hieroglyphen existieren, sind in Klammern gesetzt und mit einem Hinweis auf das damals gebräuchliche Ersatzzeichen versehen.

Laut	Zeichen	Schreibhilfe
A		
B		
(C)		Ersatzzeichen: **K**
D		
(E)		Ersatzzeichen: **I**
F		
G		
H		

Laut	Zeichen	Schreibhilfe
I	𓇋	
J	𓏭	
K	𓎡	
(L)	𓃭	
M	𓅓 𓂝	
N	𓈖	
(O)	𓍯	
P	𓊪	
Q	𓈎	
R	𓂋	
S	𓋴 𓊨	
T	𓏏	
(U)	𓅱	Ersatzzeichen: **W**

Laut	Zeichen	Schreibhilfe
(V)		Ersatzzeichen: **F** oder **W**
W		
(X)		Ersatzzeichen: **K+S**
(Y)		Ersatzzeichen: **I** oder **J**
(Z)		Ersatzzeichen: **T+S**
Ch		
Dsch		
Sch		
Tsch		

Oft wird die Frage gestellt, woher man heute eigentlich weiß, wie ägyptische Wörter ausgesprochen wurden. Tatsache ist leider, dass man es gar nicht ganz genau weiß, da ja nur die Konsonanten, aus denen die einzelnen Wörter bestehen, bekannt sind, nicht jedoch die Vokale. Es ist zwar durch einen Vergleich mit anderen antiken Sprachen möglich, die Aussprache einzelner Wörter, vor allem Eigennamen, während eines bestimmten Zeitraums zu rekonstruieren, doch lassen sich die dabei gewonnenen Erkenntnisse nicht auf alle Wörter übertragen – und natürlich auch nicht auf alle Epochen. So weiß man beispielsweise durch erhaltene Keilschriftbriefe aus der Korrespondenz des 14. Jahrhunderts v. Chr. zwischen dem ägyptischen und dem babylonischen Reich, dass der Thronname des Königs *Amenophis III.*, also *Neb-maat-re*, während der 18. Dynastie in etwa wie »Nimmuria« klang. Im Unterschied zur Hieroglyphenschrift besteht die Keilschrift nämlich aus Silbenzeichen mit eindeutig festgelegtem und vokalisiertem Lautwert. Da es bislang aber keine Möglichkeit gibt, den Vokalwert aller altägyptischen Wörter zu rekonstruieren, Ägyptologen die Wörter jedoch auch aussprechen wollen, hat man zu einer äußerst einfachen und leicht zu merkenden Hilfskonstruktion gegriffen: Man fügt zwischen zwei Mitlauten einfach ein *E* ein. Zwei Beispiele: Werden die beiden Buchstaben *M* und *N* hintereinander geschrieben, so kann man das als *M-(E)-N* aussprechen, die beiden aufeinander folgenden Buchstaben *G* und *M* entsprechend als *G-(E)-M*. Das *W* kann man auch oft als *U* sprechen, die Lautfolge *WSR* also als *U-S-(E)-R*. Nach einer kurzen Eingewöhnung fällt das ganz leicht.

Nun ist es Zeit für einen ersten Versuch, einige Wörter selbst zu schreiben. Der eigene Name oder der von Freunden ist gut dafür geeignet, ihn in Hieroglyphen umzusetzen. Zur Anleitung ein paar Beispiele:

Alexander	
Barbara	
Carola	

Christine	
David	
Eva	
Florian	
Gudrun	
Hans	
Inge	
Josef	
Katharina	
Lothar	
Martina	
Norbert	

Olivia	(hieroglyphs)
Peter	(hieroglyphs)
Renate	(hieroglyphs)
Sven	(hieroglyphs)
Tamara	(hieroglyphs)
Udo	(hieroglyphs)
Vera	(hieroglyphs)
Xaver	(hieroglyphs)
Yvonne	(hieroglyphs)
Walburga	(hieroglyphs)
Zacharias	(hieroglyphs)

Jetzt fällt es sicherlich nicht mehr schwer, schon ein paar original ägyptische Wörter zu lesen, die nur aus Ein-Laut-Zeichen bestehen. Es sind nicht sehr viele, da die Ägypter Mehr-Laut-Zeichen bevorzugten. Offenbar hielt man das für besser, denn man hätte alle Wörter auch nur mit den einfachen Zeichen schreiben können. Stehen in der folgenden Tabelle – aus grafischen Gründen – zwei Zeichen übereinander, so wird das obere zuerst gelesen. (Auflösung siehe S. 110 f.)

Zeichen	Bedeutung
	(Name des Gottes der Handwerker)
	zusammen mit
	Leib
	dieser
	gesund
	da, dort
	(Name des Schutzgottes eines großen Friedhofs)
	sagen
	Bild, Abbild; auch Statue
	gegenüber, vor
	(Name eines Totengottes)
	Blässgans

Ägyptischen Schreibern lag sehr viel an einer grafisch gelungenen Anordnung der Hieroglyphen innerhalb eines Wortes oder eines Satzes. Stets versuchten sie, die Zeichen so zu gruppieren, dass sie sich in eine Reihe von imaginären Quadraten und Rechtecken einpassen ließen. Formal lassen sich vier verschiedene Zeichenkategorien unterscheiden:

– Große Zeichen wie Vogel oder Lasso beanspruchen den gesamten Platz eines solchen Quadrates; zu ihnen lässt sich keine weitere Hieroglyphe setzen.
– Breite, aber flache Hieroglyphen wie Arm oder Welle benötigen dagegen nur die obere oder untere Hälfte eines Quadrates und können ideal mit einem oder zwei weiteren flachen Zeichen kombiniert werden.
– Schmalen und hohen Zeichen wie Bein oder Stoff genügt stets die rechte bzw. linke Hälfte eines Quadrates – zu einem *S* lässt sich daher noch gut ein *B* setzen.
– Die schmalen und flachen Zeichen der vierten Kategorie wie Brot oder Hocker beanspruchen sogar nur ein Viertel des imaginären Quadrates.

Um eine optimale Wirkung bei einer Schriftzeile zu erzielen, verkürzte oder verkleinerte man daher manche Zeichen ein wenig – oder man variierte kurzerhand, wie das zweite der folgenden Beispiele zeigt, die Orthographie eines Wortes:

Holzfigur eines Schreibers. Auf seinem Papyrus steht eine Liste, in der verschiedene Früchte und Getreide verzeichnet sind, die in einem ganz bestimmten Speicher eingelagert wurden (Musées Royaux d'Art et d'Histoire, Brüssel).

23

PAPYRUS

Papier war in der gesamten antiken Welt unbekannt. Unwichtigere Dinge, wie Notizen, Schülerübungen oder einfache Quittungen, schrieb man auf Scherben zerbrochener Tongefäße oder auf Kalksteinfragmente, die so genannten *Ostraka* (Singular *Ostrakon*), griechisch für »Scherbe«. Wichtigere Dinge schrieb man auf Papyrus, ein dem modernen Papier sehr ähnliches, dünnes Material aus pflanzlichen Rohstoffen.

In Europa verwendete man früher Pergament, also dünne, getrocknete Tierhäute, die beim Trocknen stark gespannt wurden. Das heutige Papier wurde in China erfunden – nach sicher datierten Dokumentfunden schon im späten 1. Jh. n. Chr. Es gelangte erst im späten Mittelalter nach Europa und war dort von Anfang an sehr begehrt. Für seine Herstellung verwendet man vor allem Stofflumpen, Holz, Getreidestroh und Leim. Die Ägypter nutzten hingegen eine bestimmte Pflanze für ihr Papier, den Papyrus. Das Wort Papyrus stammt zwar aus dem Griechischen, ist aber eigentlich der altägyptischen Sprache entlehnt. Dort hieß es *PA P(E)R AA*, was so viel wie »das, was dem Pharao gehört« bedeutet. Dieser Name zeigt deutlich, wie kostbar Papyrus war. Die Pflanze, aus der er hergestellt wurde, gehört zu einer Gattung der Riedgräser, deren Stängel einen Durchmesser von über fünf Zentimetern und die beachtliche Höhe von bis zu fünf Metern erreichen kann.

Zwei Männer schnüren ein Bündel Papyruspflanzen zusammen. Ein dritter Mann lädt es auf seinen Rücken, um es abzutransportieren; die Schwere der Last zwingt ihn zu einer gebückten Haltung (Grab des Uchhetep, Meir).

Zur Zeit der Pharaonen wuchsen Papyruspflanzen in großen Mengen wild überall an den Ufern des Nils, vor allem aber im Norden des Landes. Da der Bedarf für die Papyrusherstellung sehr groß war, pflegte man die natürlichen Felder gut und sorgte auch für ihre ausreichende Vermehrung. Schon im 2. Jahrtausend v. Chr. gelangte Papyrus als begehrter Rohstoff auch in den Vorderen Orient. Ab etwa Mitte des 1. Jahrtausends v. Chr. belieferte Ägypten dann die gesamte Mittelmeerwelt, teilweise sogar Mitteleuropa – Papyrus wurde für mehrere Jahrhunderte neben Getreide der wichtigste Exportartikel des Landes. Erst als man vor etwa 900 Jahren die Herstellung von Leinenpapier in Ägypten einführte, verlor Papyrus an Bedeutung. Da sich in dieser Zeit auch das Klima änderte, starb die Pflanze vor rund 200 Jahren in Ägypten aus und wuchs wild nur noch im Sudan und im tropischen Afrika. Heute allerdings baut man Papyrus wieder großflächig an und stellt daraus das »Papier der Pharaonen« her, das mit bunten Bildern bemalt als Souvenir an Touristen verkauft wird.

Die älteste erhaltene Papyrusrolle stammt bereits aus der 1. Dynastie (um 2900 v. Chr.). Sie wurde im Grab eines hohen Beamten entdeckt und war offenbar unbeschriftet. Erstaunlicherweise ist die Technik der Papyrusherstellung weder durch altägyptische Texte noch durch Darstellungen überliefert. Sie konnte jedoch mit Hilfe der – allerdings nicht ganz exakten – Schilderung des römischen Historikers Plinius d. Ä. und durch moderne Untersuchungen rekonstruiert werden. Nach der Ernte der großen Stängel (Bild links) schälte man

Das Glätten von Papyrus gehört zu den eher selten dargestellten Tätigkeiten. Es war jedoch ausgesprochen wichtig, um wirklich gutes »Schreibpapier« zu erhalten. Nur durch sorgfältige Behandlung wurde die Oberfläche so glatt, dass sie keine Unebenheiten mehr aufwies und man gut auf ihr schreiben und zeichnen konnte (Grab des Ti, Saqqara).

Die obere Zeile zeigt einen kurzen Satz, der in Hieratisch geschrieben ist, die untere denselben Satz mit Hieroglyphen. Ein Vergleich zeigt sofort, dass es sich eigentlich um die gleichen Zeichen handelt. Doch wird auch deutlich, dass hieratische Papyri oft recht schwer zu lesen sind – denn nicht jeder Schreiber hatte eine so ordentliche Handschrift wie dieser.

diese und zerteilte sie in ungefähr 40 cm lange Stücke. Das freigelegte Mark schnitt man daraufhin in hauchdünne Längsstreifen und legte sie dicht nebeneinander, sodass eine geschlossene Fläche entstand. Anschließend wurde eine zweite Schicht rechtwinklig darüber gebreitet. Das Ganze wurde nun getrocknet, geklopft und vor allem stark gepresst. Durch besondere, in der Pflanze enthaltene Stoffe klebten die einzelnen Streifen dabei fest aneinander. Die auf diese Weise entstandenen Papyrusblätter wurden zum Schluss noch geglättet (siehe oben), um eine völlig ebene Schreibfläche zu erzielen. Anschließend klebte man, je nach Bedarf, mehrere Blätter aneinander, um längere Streifen zu erhalten, auf denen dann auch größere Erzählungen Platz hatten. Ein ägyptisches Buch bestand daher nicht aus einzelnen zusammengehefteten, sondern aus nebeneinander geklebten Seiten. Zur Aufbewahrung rollte man die Papyri zusammen, steckte sie in schützende Hülsen und legte diese in ein Tongefäß oder in einen Kasten, um sie in den jeweils zuständigen Archiven zu lagern. Der längste erhaltene ägyptische Papyrus, eine umfangreiche Sammlung medizinischer und kosmetischer Rezepte aus dem *Neuen Reich*, ist 42 m lang.

Als Schreibgeräte dienten Binsenstängel, deren unteres Ende man durch Kauen pinselartig ausfranste. Die für den Großteil der Texte übliche schwarze Tusche gewann man aus Ruß und Gummi Arabicum, die bei Überschriften oder Hervorhebungen verwendete rote Farbe bestand hauptsächlich aus Ocker. Durch die besonderen Anforderungen, die beim Anfertigen von Akten, Briefen und Protokollen an den Schreiber gestellt wurden – vor allem Schnelligkeit anstelle einer besonderen Ästhetik – unterscheidet sich die Schreibschrift der Papyri, das so genannte »Hieratisch«, deutlich von den Hieroglyphen. Obwohl beide Schriftarten grundsätzlich aus den gleichen Zeichen bestehen, ist Hieratisch wesentlich schwerer zu entziffern, da es stark handschriftlich geprägt ist (siehe links).

Die auf Papyrus geschriebenen Texte sind sehr vielfältig. Sämtliche großen Literaturwerke ägyptischer Autoren wie die »Erlebnisse des Sinuhe«, die Geschichte des »redegewandten Oasenmannes« oder das »Zwei-Brüder-Märchen« wurden auf Papyrus aufgezeichnet. Das Gleiche gilt für die Lebenslehren, meist lose aneinander gereihte Regeln für richtiges Verhalten, die an praktischen Beispielen erläutert werden und einen guten Einblick in ägyptische Moralvorstellungen gewähren. Für die Kenntnis der ägyptischen Geschichte, der Wirtschaft und des Alltagslebens sind Papyri von grundlegender Bedeutung, da sie auch für diese Bereiche eine Fülle von Informationen liefern. So ist durch

Teil einer 1,17 m langen Papyrusrolle, die ein Mann namens Mai-her-peri für seine Grabausstattung herstellen ließ. Auf ihr sind eine Reihe von Sprüchen verzeichnet, die Mai-her-peri auf seinem Weg ins Jenseits und während seines dortigen Lebens vor Gefahren schützen sollten. Die Texte wurden oft mit kleinen Bildern, den Vignetten, illustriert (Ägyptisches Museum, Kairo).

27

erhaltene Akten beispielsweise die Struktur der Tempelpriesterschaft oder die Organisation der Handwerker und Arbeiter an zahlreichen Bauprojekten bekannt. Für manche Zeiträume ist die Höhe der abzuliefernden Steuern überliefert. In staatlichen Archiven wurden die wichtigsten Ereignisse aus den Regierungszeiten sämtlicher Könige in chronologischer Reihenfolge notiert; durch sie ist beispielsweise die exakte Anzahl und der Verlauf der militärischen Unternehmungen *Tuthmosis' III.* in Vorderasien sowie die mitgebrachte Beute bekannt. Da nur ein Bruchteil der Dokumente erhalten ist, werden jedoch leider nur einzelne Ausschnitte der altägyptischen Welt schlaglichtartig erhellt.

Von besonderem Interesse sind die erhaltenen Gerichtsprotokolle. Sie geben nicht nur Einblick in das Gerichtswesen Altägyptens, sondern überliefern manche Ereignisse, über die offizielle Texte sonst schweigen, wie beispielsweise Verschwörungen gegen den regierenden König. Berühmt sind die Akten eines Prozesses gegen eine Gruppe von Handwerkern aus *Theben*, die im Laufe mehrerer Jahre eine große Zahl von Gräbern ausgeraubt hatten. Nachdem Unregelmäßigkeiten aufgefallen waren, entsandte der König eine Kommission, die den Zustand der Gräber im *Tal der Könige* und in der *Nekropole* der Beamten überprüfen sollte. Aufgrund der festgestellten Schäden wurde weiterermittelt, sodass im Anschluss ein großer Teil der

Diebe verhaftet werden konnte. Sie schilderten vor Gericht ausführlich, wie sie die Mumien eines Königs und seiner Gemahlin ihres Goldschmuckes beraubt hatten.

Papyrus gehörte auch aus anderen Gründen zu den wichtigsten Pflanzen in Ägypten, da sich daraus zahlreiche Dinge herstellen ließen. So dienten die Stängel, zu dicken Bündeln zusammengebunden und in Stromlinienform gebracht, als einfache Boote für den Fischfang und das Übersetzen über den Nil. Aus gespaltenen Schäften oder aus der abgeschälten Rinde, die für die Papierherstellung nicht benötigt wurde, wand man außerdem Seile und flocht Körbe, Matten und sogar Sandalen, die allerdings nicht sehr strapazierfähig waren. Die unteren Enden der Stängel dienten darüber hinaus als Nahrungsmittel. Und schließlich benutzte man die blühenden Pflanzen gerne, um aus ihnen und verschiedenen anderen Blüten große Blumensträuße zu binden.

Der ägyptische Name der Pflanze, *WADsch*, wurde übertragen auch als Bezeichnung für die Farbe Grün und für Begriffe wie »frisch sein«, »jung sein« oder »gedeihen« verwendet. Der Grund dafür ist sicherlich einmal in der Vitalität der Pflanze selbst zu suchen, zum anderen darin, dass das Papyrusdickicht an den Ufern des Nils einer großen Anzahl von Tieren den idealen Lebensraum bot. Besonders groß war der Artenreichtum der Vögel, die von den Menschen gejagt oder in Netzen gefangen wurden und einen wichtigen Teil der Nahrung stellten. Bilder vom Vogelfang im Papyrusdickicht sind daher in fast jedem Grab des *Alten*, *Mittleren* und *Neuen Reiches* zu finden.

Ein Bild im Grab des Nacht *zeigt ein dichtes Papyrusdickicht mit teils geöffneten, teils geschlossenen Blüten. Eine Gruppe von Vogelfängern hatte ein Schlagnetz am Boden ausgelegt. Sobald sich möglichst viele Vögel auf dem Netz niedergelassen hatten, gab der im Dickicht versteckte Mann den anderen ein Zeichen. Dann genügte ein kurzer Ruck, ein kurzes Ziehen am Strick, und das Netz klappte durch einen besonderen Mechanismus zu (Grab des* Nacht, *Theben).*

Mehr-Laut-Zeichen

Die zweite Art altägyptischer Schriftzeichen wird Mehr-Laut-Zeichen genannt; jedes Zeichen umfasst eine Gruppe von Lauten. Auch hier schrieben die Ägypter wieder nur Konsonanten, Vokale sind nicht wiedergegeben. Man muss also wieder zwischen jeweils zwei Konsonanten ein *E* einschieben. Da sehr viele Mehr-Laut-Zeichen existieren, sind im Folgenden nur die wichtigsten aufgeführt.

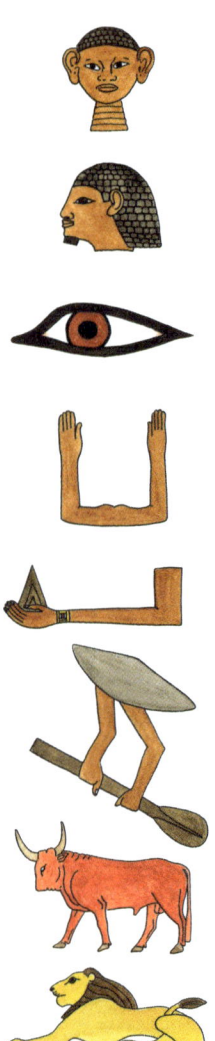

Zeichen	Laut	Aussprache	Darstellung
	HR	*H-(E)-R*	ein Gesicht von vorn
	TP	*T-(E)-P*	ein Kopf von der Seite
	IR	*I-R*	ein Auge, von vorn gesehen
	KA	*K-A*	ausgebreitete Arme
	DschI	*Dsch-I*	ein Arm mit geöffneter Hand, darin ein Brot
	ChN	*CH-(E)-N*	rudernde Arme
	IH/KA	*I-H/K-A*	ein Rind
	RW	*R-U*	ein liegender Löwe

Zeichen	Laut	Aussprache	Darstellung
	WN	W-(E)-N	ein liegender Hase
	HAT	H-A-T	das Vorderteil eines Löwen
	ChN	CH-(E)-N	ein Tierbalg
	MS	M-(E)-S	drei zusammengebundene Fuchsfelle
	WP	U-P	ein Kuhgehörn
	SDschM	S-(E)-DSCH-(E)-M	das Ohr eines Rindes
	NS	N-(E)-S	die Zunge eines Rindes
	WSR	U-S-(E)-R	Kopf und Hals eines Schakals
	NFR	N-(E)-F-(E)-R	ein Herz mit Luftröhre
	SMA	S-(E)-M-A	eine Lunge mit Luftröhre
	AW	A-U	Wirbel mit zwei herabhängenden Enden

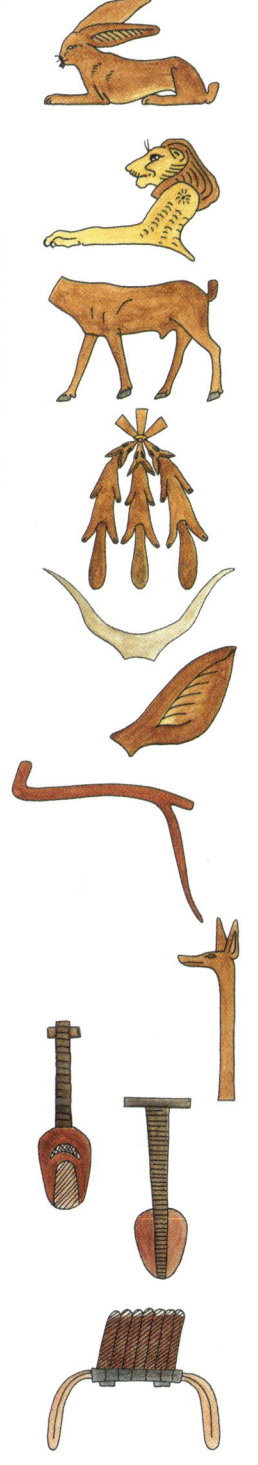

Zeichen	Laut	Aussprache	Darstellung
	IMACh	I-M-A-CH	Wirbel mit einem herabhängenden Ende
	SA	S-A	eine Spießente
	PA	P-A	eine fliegende Spießente
	TschA	TSCH-A	ein piepsendes Küken
	WR	W-(E)-R	eine Schwalbe
	BA	B-A	ein Sattelstorch mit vorstehenden Brustfedern
	ACh	A-CH	ein Waldrapp mit buschigem Schopf
	MT	M-(E)-T	ein Gänsegeier
	GM	G-(E)-M	ein Sichler mit langen Beinen und langem, gebogenem Schnabel
	TIW	T-I-U	ein Adlerbussard
	SchW	SCH-U	eine Straußenfeder

Zeichen	Laut	Aussprache	Darstellung
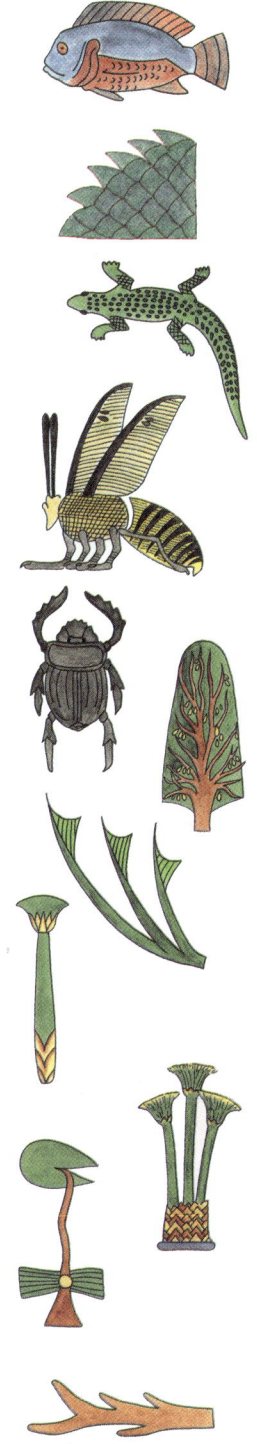	*IN*	*I-N*	ein Nilbarsch
	KM	*K-(E)-M*	der Schwanz eines Krokodils mit schuppiger Haut
	ASchA	*A-SCH-A*	ein Mauergecko
	BIT	*B-I-T*	eine Biene
	ChPR	*CH-(E)-P-(E)-R*	ein Mistkäfer
	IM	*I-M*	ein Baum
	HN	*H-(E)-N*	eine Blütenrispe
	WADsch	*W-A-DSCH*	ein Papyrusstängel mit Blütendolde
	HA	*H-A*	ein Büschel von Papyrusstängeln
	ChA	*Ch-A*	ein Lotosblatt
	ChT	*CH-(E)-T*	ein Ast

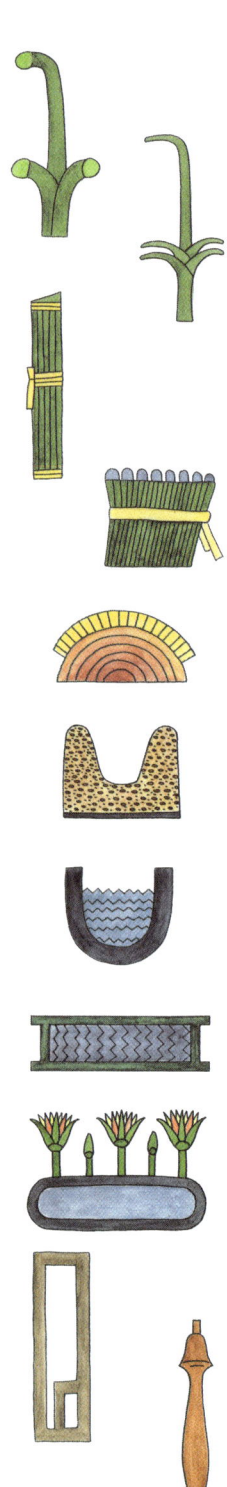

Zeichen	Laut	Aussprache	Darstellung
	NChB	N-(E)-CH-(E)-B	eine Binse mit Seitentrieben
	SW	S-U	eine Pflanze mit doppeltem Blattstand
	IS	I-S	ein Schilfbündel
	DschR	DSCH-(E)-R	ein zusammen-gebundenes Bündel Flachs
	ChA	CH-A	eine aufgehende Sonne hinter einem Hügel
	DschW	DSCH-U	ein Hügel
	HM	H-(E)-M	ein Brunnen
	MR	M-(E)-R	ein rechteckiger Kanal
	SchA	SCH-A	ein Teich mit Lotosblumen
	HWT	H-U-T	ein Gebäude in einem großen, von einer Mauer eingefassten Hof
	AA	A-A	eine Zeltstange

Zeichen	Laut	Aussprache	Darstellung
⊹	IM	I-M	zwei gekreuzte Balken
⌐	ST	S-(E)-T	ein Thron
⊞	MN	M-(E)-N	ein Spielbrett mit Spielsteinen
⊸	HTP	H-(E)-T-(E)-P	eine Matte mit darauf liegendem Brot
⚮	SA	S-A	eine aufgerollte und zusammengelegte Matte
⚲	AB / MR	A-B / M-(E)-R	ein Meißel, der als AB oder als MR lesbar ist
⌐	MA	M-A	eine Sichel
⋔	MR	M-(E)-R	eine Hacke, mit der man den Boden lockerte
⤙	WA	W-A	eine Harpune
⇂	SN	S-(E)-N	ein Pfeil
⟋	ST	S-(E)-T	ein von einem Pfeil durchbohrtes Stück Fell

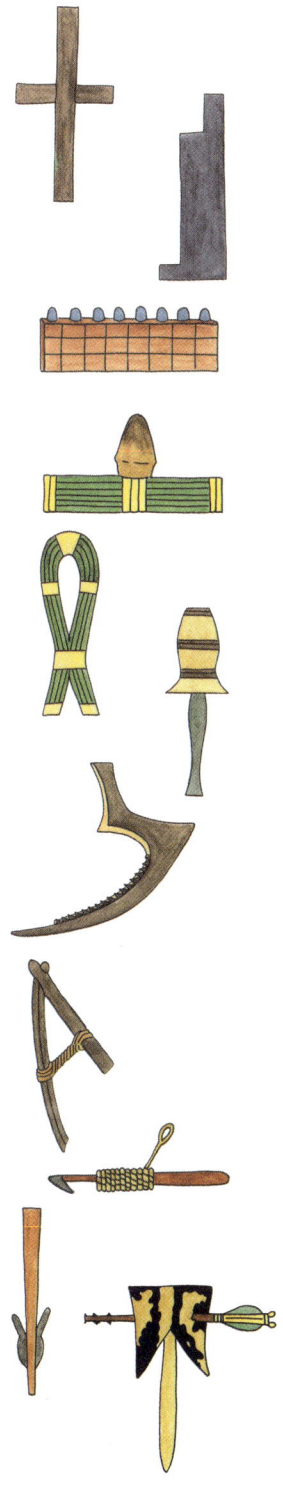

Zeichen	Laut	Aussprache	Darstellung
	NM	N-(E)-M	ein Schlachtmesser
	WA	W-A	ein Lasso
	SchS	SCH-(E)-S	eine Schlinge
	TI	T-I	ein Stößel
	HM	H-(E)-M	ein Schlägel zum Klopfen der Wäsche
	ChRW	CH-(E)-R-U	ein Ruder
	TM	T-(E)-M	ein Schlitten
	ChNT	CH-(E)-N-T	Wassergefäße in einem Gestell
	HS	H-(E)-S	eine hohe Vase
	NW	N-U	ein kugeliges Gefäß
	MI	M-I	ein Gefäß mit Tragschlaufe

Zeichen	Laut	Aussprache	Darstellung
	BAS	B-A-S	ein versiegeltes Steingefäß für Salben
	NB	N-(E)-B	ein geflochtener Korb
	DschI	DSCH-I	ein kegelförmiges Brot
	ANCh	A-N-CH	die Riemen einer Sandale
	MD	M-(E)-D	ein Spazierstock
	HQA	H-(E)-Q-A	ein oben gebogener Hirtenstab
	SChM	S-(E)-CH-(E)-M	ein Szepter für den König und seinen Hofstaat
	WAS	W-A-S	ein weiteres Szepter, verziert mit dem Kopf und den Beinen eines Tieres
	DschD	DSCH-(E)-D	der »Dsched-Pfeiler«, wahrscheinlich ein stark stilisiertes Bündel von Getreidehalmen

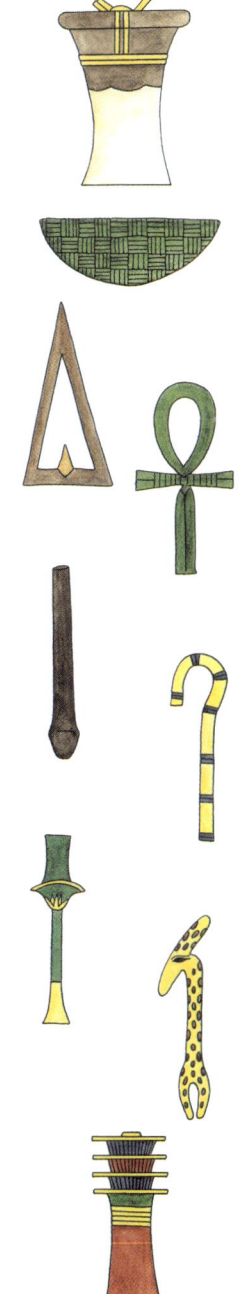

Es ist nicht nötig, sämtliche Zeichen auswendig zu lernen; man kann sie jederzeit in der Zeichenliste im Anhang nachschlagen. Um dort das Auffinden einzelner Zeichen zu erleichtern, sind sie rein nach leicht erkennbaren, äußerlichen Kriterien angeordnet: Beginnend mit Zeichen, die Menschen oder ihre Körperteile darstellen, folgen danach Säugetiere, Vögel, Fische, Reptilien und Insektes, Pflanzen, Erde, Wasser und Himmel, Gebäude und Möbel usw.

Da es anscheinend auch den Ägyptern schwer fiel, sich den Lautwert all ihrer Schriftzeichen zu merken, erfanden sie eine Lesehilfe: Hinter einem Mehr-Laut-Zeichen folgen oft noch ein oder zwei Ein-Laut-Zeichen, meist der letzte oder die beiden letzten Laute des Zeichens. Auf diese Weise ist es leichter, sich an die Aussprache des Zeichens zu erinnern. Die Lesehilfe wurde vor allem bei selten auftretenden Zeichen oder nicht so häufig gebrauchten Wörtern eingesetzt; bei besonders gängigen und daher gut bekannten Wörtern verzichtete man meistens darauf.

Beispiele:

HTP		ChPR	
ANCh		NFR	
SDschM		WN	
ASchA		SW	
ChR		GM(I)	
IMN		MI	
SchW		SMR	

Begriffszeichen

Es gibt auch eine Reihe von Wörtern, die mit einem einzigen Zeichen geschrieben werden (dazu mitunter noch ein Strich oder eine lautliche Ergänzung); das Zeichen stellt stets bildlich den Gegenstand dar, den es benennt. In solchen Fällen handelt es sich wirklich um Bilderschriftzeichen (Semogramme). Ein paar Beispiele:

Zeichen	Laute	Bedeutung	Übersetzung
	DschHWTI	ein Ibis auf Standarte	Toth (Name eines Gottes in Ibisgestalt)
	HR	ein Falke	Horus (Name eines meist falkengestaltigen Gottes)
	NTschR	eine Götterfahne	Gott
	RA	eine Sonnenscheibe	Sonne; Re (Name des Sonnengottes)
	IAH	eine Mondsichel	Mond; Jah (Name des Mondgottes)
	TA	ein Stück Land und drei Sandkörner	Land
	WA.T	das Stück eines Weges mit Büschen am Rand	Weg
	PR	der Grundriss eines Hauses mit einem Zimmer	Haus
	HM.T	ein Drillbohrer	Drillbohrer; übertragen auch Handwerk, Kunstfertigkeit

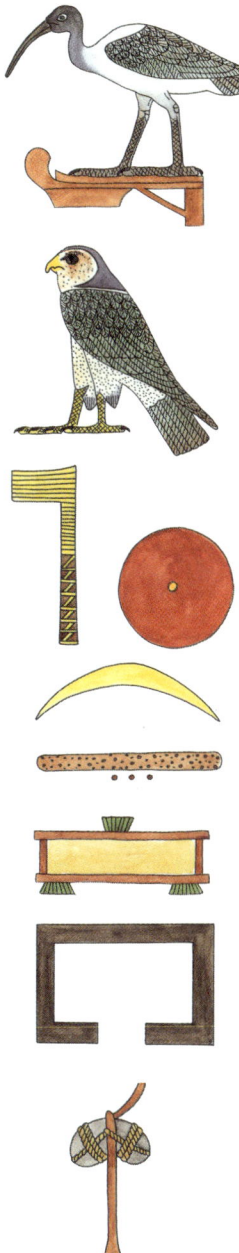

Auf der folgenden Seite stehen die Namen von wichtigen Pharaonen aus dem alten Ägypten. Sie bestehen ausschließlich aus schon bekannten Zeichen. Manche von ihnen sind sehr einfach zu lesen, andere dagegen eher schwer. Für die richtige Lesart ist eine bislang nur kurz angesprochene Eigenart der Hieroglyphenschrift zu beachten: die Umstellung von Zeichen. Sie tritt sehr häufig bei Eigennamen auf, die fast immer eine Bedeutung hatten. So lautete zum Beispiel der Name des berühmten Königs *Tutanchamun* übersetzt »Lebendes Abbild des (Gottes) *Amun*«. Das wäre nicht weiter schwer – wenn man die einzelnen Bestandteile der Namen stets in der richtigen Reihenfolge niedergeschrieben hätte. Leider ist das jedoch nicht der Fall.

Wenn es sich bei einem Namensteil z.B. um einen Götternamen handelt (wie bei *Tutanchamun* der Gott *Amun*), dann wird dieser stets an den Anfang gesetzt, auch wenn er erst am Ende zu lesen ist. Der Grund für diese Umstellung ist in der großen Ehrfurcht der Ägypter vor den Göttern zu sehen. Für die Lesung der Königsnamen ist diese Regel besonders wichtig, da sie fast immer einen Götternamen enthalten: meistens den des *Re* oder des *Amun*, doch kommen auch *Toth* und *Month* vor. Dasselbe gilt übrigens auch für kurze Ausdrücke wie »geliebt von *Amun*« oder »Diener Gottes« – folgt man der Schreibung, so müssten sie »*Amun* geliebt von« bzw. »des Gottes Diener« gelesen werden. Sehr häufig hat man diese Art der Umstellung auch in Ausdrücken vorgenommen, in denen das Wort König vorkommt. Bei dem Titel »Schreiber des Königs« wurde das Wort »König« vor das Wort »Schreiber« gesetzt und dementsprechend als »des Königs Schreiber« wiedergegeben.

Die Abfolge einzelner Zeichen konnte schließlich auch aus rein ästhetischen Gründen geändert werden: So setzte man nur ungern eine hohe, schmale Hieroglyphe hinter einen Vogel, da sich sonst ein größerer Freiraum hinter seinem Kopf gebildet hätte. Ein Beispiel dafür ist das Wort *SMR*.

SMR  Freund

Nach der Lesung müsste die Eule *(M)* eigentlich vor dem Meißel *(MR)* stehen, doch wurde sie hinter ihn gesetzt, da den Ägyptern das Schriftbild andernfalls offensichtlich missfiel. (Auflösung siehe S. 111 ff.)

DIE ÄGYPTISCHE GÖTTERWELT

Das ägyptische Pantheon umfasste eine sehr große Anzahl Götter und göttlicher Wesen – sie geht in die Hunderte. Man verehrte Naturerscheinungen wie Erde und Himmel, Sonne und Mond, doch auch abstrakte Begriffe wie Fruchtbarkeit, Endlosigkeit, Zauber oder Vernunft; daneben gab es Ortsgottheiten wie *Chnum* von Elephantine, *Hathor* von Dendera oder *Horus* von Edfu, und nicht zuletzt eine Reihe von schützenden oder auch gefährlichen dämonischen Wesen.

Genauso vielfältig wie ihre Namen und Bezeichnungen sind auch die Gestalten und Funktionen der Götter. So besaßen die meisten Götter nicht nur einen Zuständigkeitsbereich, sondern gleich mehrere; entsprechend dieser Eigenschaften konnten sie auch unterschiedliche Gestalten annehmen. *Amun* zum Beispiel zeigte sich meist in Menschengestalt – in diesem Fall trug er eine Krone mit zwei hoch emporragenden Federn –, doch trat er auch als Widder, als Mann mit Widderkopf, als Mann mit Krokodilskopf, als Löwe, als Stier, als Schlange und sogar als Gans auf. Nicht allen Göttern waren so mannigfaltige Gestalten zu Eigen wie ihm, doch besaßen die meisten mehr als eine Erscheinungsform. Andererseits kam es auch vor, dass mehrere Götter in derselben Gestalt auftraten. So konnte der Falke z.B. nicht nur eine Erscheinungsform des Sonnengottes *Re* sein, sondern auch eine des Mondgottes *Chons* oder der Götter *Sokar, Horus, Harachte, Month, Dun-anui, Chenti-irti, Sopdu, Behedeti* und *Kebech-senu-ef.* Es ist daher nicht möglich, das Bild einer ägyptischen Gottheit aufgrund ihrer Gestalt zu benennen. Für die richtige Deutung ist es unerlässlich, Hieroglyphen lesen zu können, da fast immer neben der Darstellung eines Gottes auch sein Name steht und nur er allein eine sichere Identifizierung ermöglicht.

Die wichtigsten und am häufigsten genannten Götter waren:

	Amun	Reichsgott
	Anubis	Begleiter der Toten in die Unterwelt
	Atum	Urgott, der die Schöpfung vollbrachte
	Bastet	Göttin der Musik
	Chons	Mond- und Kindgott
	Hathor	Göttin der Liebe, der Musik und des Tanzes
	Horus	Gott des Königtums
	Isis	Gottesmutter
	Month	Kriegsgott
	Mut	Reichsgöttin
	Nechbet	Landesgöttin von Ober-ägypten (Süden)
	Nefertem	Gott der Salben und der Düfte

		Nut	Himmelsgöttin
		Osiris	Herrscher der Unterwelt
		Ptah	Schöpfergott, Gott der Handwerker
		Re	der wichtigste Sonnengott
		Sachmet	Kriegsgöttin, bringt und heilt Krankheiten
		Schu	Luftgott
		Selket	Beschützerin vor giftigen Tieren
		Seschat	Göttin der Schriftkunst
		Sokar	Schutzgott der Toten und der Friedhöfe
		Toth	Gott der Schreiber und der Wissenschaft
		Upuaut	Gott, der die Wege in der Unterwelt öffnet
		Wadschet	Landesgöttin von Unterägypten (Norden)

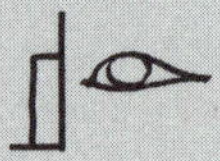

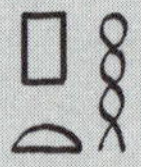

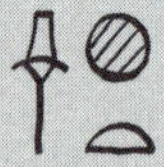

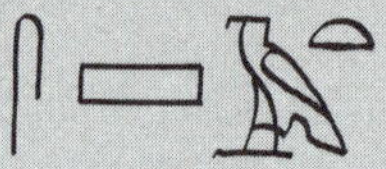

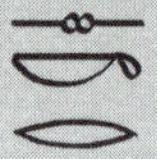

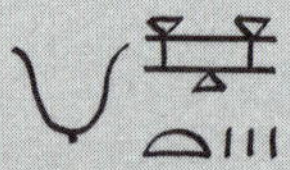

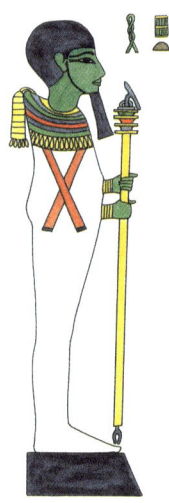

Die vor allem für die heutige Denkweise verwirrende Vielfalt und Austauschbarkeit von Erscheinungsformen und Funktionen ihrer Gottheiten fassten die Ägypter in den häufig verwendeten Beinamen »reich an Erscheinungsformen« oder »der Vielgestaltige« zusammen, die bezeichnenderweise vor allem die großen Götter wie *Re*, *Amun*, *Ptah*, *Sobek* oder *Toth* tragen konnten. Hinter diesen Bezeichnungen verbirgt sich auch die Erkenntnis, dass Gott ein Wesen ist, »dessen Gestalten niemand kennt«. So versuchte man, das übernatürliche, göttliche Wesen entweder durch eine äußerliche Erscheinung zu kennzeichnen, die – wie der Mensch mit Tierkopf – auf Erden nicht existiert, oder durch verschiedene Gestalten, die so zahlreich waren wie die Aufgabenbereiche der jeweiligen Götter.

Trotz aller Unüberschaubarkeit existierten jedoch auch ganz bestimmte Ordnungsstrukturen im ägyptischen Pantheon. Zu ihnen zählt die Verbindung einzelner Götter zu Kleinfamilien, bestehend aus Vater, Mutter und Kind bzw. männlicher, weiblicher und jugendlicher Gottheit. Die bekanntesten Beispiele dafür sind die Gruppen *Osiris – Isis – Horus*, *Ptah – Sachmet – Nefertem* oder *Amun – Mut – Chons*.

Auch größere Götterkreise sind bekannt, als deren wichtigste die »Neunheit« gilt. Obwohl schon im Alten Ägypten ein feststehender Begriff, war auch sie nicht eindeutig definiert: Da »Neunheit« gleichzusetzen ist mit »Vielzahl« (die Dreizahl steht auch in der Schrift für den Plural, die Neunheit folglich für die potenzierte, grenzenlose Mehrzahl), konnte sie auch weniger oder mehr als neun Gottheiten umfassen. Im ältesten und wichtigsten Götterkreis, der Neunheit von *Heliopolis*, erscheinen neben *Atum* oder *Re* als Urahn insgesamt drei Generationen seiner Nachkommen: das von ihm allein geschaffene Paar *Schu* und *Tefnut*, das ein weiteres Paar, *Geb* und *Nut* (Erde und Himmel), zeugte, sowie dessen Kinder *Osiris*, *Isis*, *Seth* und *Nephthys*; von Fall zu Fall konnten noch andere Götter wie *Hathor* und *Horus* hinzutreten.

45

Deutzeichen

Die Deutzeichen (Determinative) wurden bislang schon mehrfach erwähnt. Sie sind sehr wichtig für die richtige Lesung der ägyptischen Schrift, da es mitunter nicht ganz einfach ist, Wörter mit demselben Konsonantenstamm voneinander zu unterscheiden. So gibt es beispielsweise mehrere Bedeutungen für das Wort *ANCh*: Ohne Deutzeichen bedeutet es im Allgemeinen »leben« bzw. »das Leben«; mit jeweils unterschiedlichen Deutzeichen versehen, kann es aber auch die Bedeutung »schwören« bzw. »Schwur«, »Gefangener«, »Blumenstrauß«, »Spiegel« oder »Ziegenbock« annehmen. Würden im Deutschen nur Konsonanten geschrieben, dann könnten manche Buchstabenfolgen ebenfalls völlig verschiedene Bedeutungen haben:

TR	könnte heißen: **Tür**, **Tor**, **Teer**, **Tier**, **teuer**, Eu**ter**, Ei**ter**.
SCHN	könnte heißen: **schön**, **schon**, **schauen**, **suchen**, **Schein**, **Sachen**, **Schiene**, **Schnee**, **Seuchen**, **Scheune**, Ei**schnee**.
BR	könnte heißen: O**ber**, a**ber**, **Brei**, **Bauer**, **Bier**, **Bar**, E**ber**, **Bayer**.

Auf diese Art wäre es kaum möglich, einen Satz zu lesen, vor allem dann, wenn er mehrere ungebräuchliche Wörter enthält. Zur Vermeidung solcher Unsicherheiten gibt es im Ägyptischen die Gruppe der Deutzeichen. Wie der Name schon sagt, werden sie nicht mitgesprochen, sondern zeigen nur die Bedeutungskategorie eines Wortes an. So wird hinter einem Männernamen ein auf dem Boden sitzender Mann abgebildet. Dasselbe Deutzeichen wird auch bei Männerberufen verwendet und steht dann hinter Wörtern wie »Schreiber«, »Maler«, »Schreiner«, »Bauer« oder »Gärtner«. Auf den Namen einer Frau, die Bezeichnung eines Frauenberufes oder auf Wörter wie »Schwester« oder »Mutter« folgt das Bild einer am Boden sitzenden Frau. Den Namen eines Gottes kennzeichnet meist auch das Bild eines sitzenden Gottes. Hinter Wörtern der Bewegung steht das Zeichen der laufenden Beine, hinter Wörtern, die etwas mit Licht oder Helligkeit zu tun haben, erscheint das Bild der Sonne etc. Allerdings gibt es – wie überall – leider auch hier Ausnahmen: Bei Wörtern, die besonders häufig vorkommen, wie z.B. bei »sagen« *DschD*, »schön« *NFR* oder bei den Namen der wichtigsten Götter, wurde das Deutzeichen häufig einfach weggelassen.

In der folgenden Tabelle sind die wichtigsten Deutzeichen aufgelistet:

Zeichen	Darstellung	Bedeutung
	Frau	Frauenname, Frauenberuf, weibliche Verwandte usw.
	Kind	Kind, jung sein
	Mann	Männername, Männerberuf, männlicher Verwandter usw.
	König	Königsname, Wörter wie »Majestät«, »Herrscher« usw.
	Gott	Göttername
	Mann, Hand am Kopf	alles, was man mit dem Kopf macht: essen, sprechen, denken
	Arm mit Stock	alles, was mit Kraft zu tun hat oder mit einer Handlung
	laufende Beine	Worte, die etwas mit Bewegung zu tun haben
	Fellstück mit Schwanz	Namen von Säugetieren und bei Wörtern wie »Leder« oder »Haut«
	Sperling	alles, was klein, schlecht oder schwach ist
	Ast	alles, was aus Holz ist
	Schote	alles, was süß und gut schmeckt

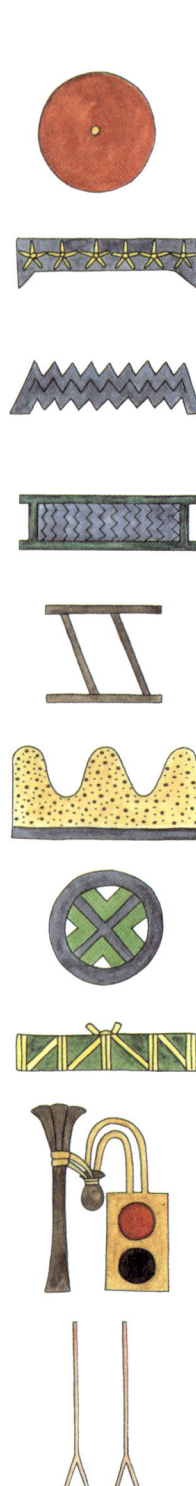

Zeichen	Darstellung	Bedeutung
⊙	**Sonne**	Helligkeit, Zeit
⌐⌐	**Himmel auf Stützen**	Himmel, oben
〰〰〰	**Wasser**	alles, was mit Flüssigkeit zu tun hat; auch bei Wörtern wie »trinken«
⊏⊐	**Kanal**	Namen von Flüssen, Seen oder Kanälen
⪦	**Land**	Wörter, die etwas mit Land oder Boden zu tun haben
⋀⋁⋀	**Sandberge**	Ausland, Wüste, Berge
⊗	**Stadt**	Namen von Städten oder Orten
⊸	**Papyrusrolle**	Wörter, für die es kein Bild gibt
⌇	**Schreibzeug**	Wörter, die mit schreiben, Schrift usw. zu tun haben
⏜⏜	**ein Stoff mit Fransen**	Bezeichnungen von Kleidungsstücken und Stoffen
▢	**Kartusche**	darin steht immer der Name eines Königs

Beim nochmaligen Schreiben des eigenen Namens in Hieroglyphen kann jetzt auch das richtige Deutzeichen angehängt werden. In den meisten europäischen Ländern wäre das überflüssig, da sich bereits an der Namensform erkennen lässt, ob es sich um einen Mann oder eine Frau handelt. In Ägypten dagegen konnten Männer und Frauen dieselben Namen tragen.

Die Deutzeichen haben noch eine weitere nützliche Funktion: Da sie hinter einem Wort stehen, zeigen sie stets das Ende dieses Wortes und den Beginn des nächsten an. Die Deutzeichen ersetzen also die Leerstelle, die wir zwischen einzelnen Wörtern einfügen. Durch dieses Hilfsmittel wird es wesentlich einfacher, die Hieroglyphenschrift zu entziffern.

Übung 3

Welche Deutzeichen müssten hinter diese Wörter gesetzt werden? (Auflösung siehe S. 114 f.)

schreiten	*WSTschN*	
der Diener	*BAK*	
der Steinbock	*NIA*	
schlagen	*HWI*	
der Türpfosten	*ARJ.T*	
das Gewand	*MNCh.T*	
Abydos	*ABDschW*	

das Licht	*SchW*	
Palästina	*RTschNW*	
die Absicht	*SChR*	
das Meer	*WADsch WR*	
das Feld	*SCh.T*	
die Kindheit	*HWN*	
essen	*WNM*	
die Sünde	*ISF.T*	
der Nil	*HAPI*	
der Himmel	*P.T*	
der Hase	*SChA.T*	
die Kraft	*NChT*	
bringen	*INI*	

Zur Übung gleich noch ein paar Wörter zum Entziffern, jetzt auch mit Deutzeichen.

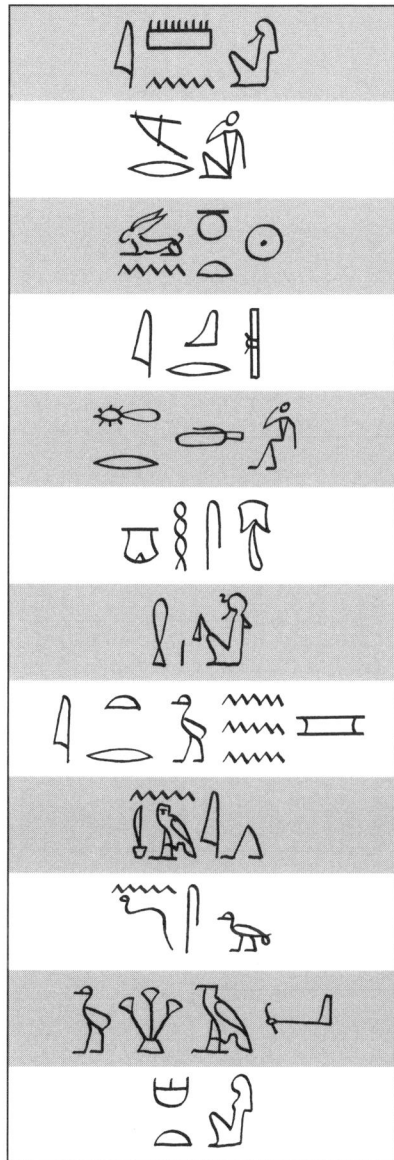

Bei manchen Wörtern dürfte es sogar möglich sein, auch die Bedeutung zu erraten (auf das Deutzeichen achten!). Die richtige Lesung und die Übersetzung finden sich auf S. 115 ff.

Zahlen

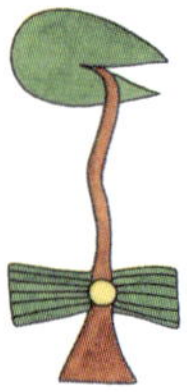

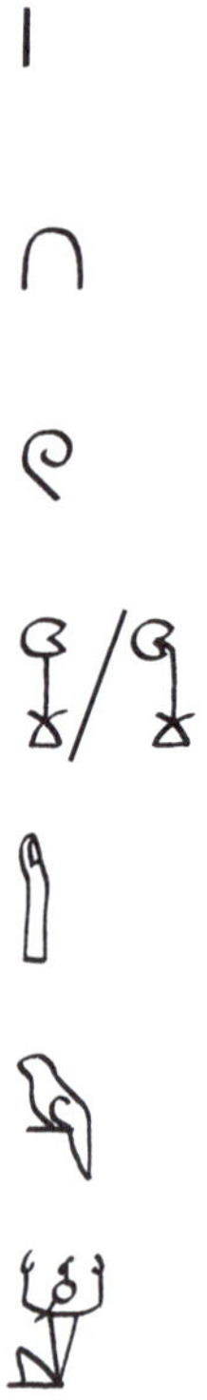

|	**1**	Strich
∩	**10**	Bogen
℮	**100**	Kringel
	1000	Lotosblatt
	10.000	Finger
	100.000	Kaulquappe
	1.000.000	sitzender Gott mit erhobenen Armen

Das ägyptische Zahlensystem unterschied sich nur wenig vom römischen; es existierten nur die aufgeführten Zahlzeichen, also eine Hieroglyphe für jede Zehnerpotenz. Die Römer verwendeten noch zusätzliche Zeichen für die Ziffern 5, 50 und 500.

Wenn ein ägyptischer Schreiber die Zahl 3 schreiben wollte, dann wiederholte er drei Mal das Zeichen für 1 und schrieb drei Striche. Für die Zahl 25 notierte er zwei Mal das Zeichen für 10 und fünf Mal das Zeichen für 1. Die große Zahl 647.189 sah folgendermaßen aus:

Hat man eine ägyptische Zahl vor sich, so genügt es, die einzelnen Zahlzeichen abzuzählen, um den Wert zu erkennen.

Am häufigsten findet man in Inschriften das Zahlzeichen 1000, da in den Gräbern bei der Aufzählung von Opfergaben aller Art stets die ideale Mengenangabe 1000 Stück zu lesen ist. Kleinere Zahlen erscheinen dagegen in Datumsangaben, mit denen Texte auf Stelen oder in Tempeln eingeleitet werden, vor allem aber in den auf Papyri verzeichneten Akten, Urkunden und Verträgen. In Ägypten wurden die Jahre nicht fortlaufend ab einem bestimmten Fixpunkt, sondern nach den Regierungsjahren des jeweiligen Herrschers gezählt. Bei jeder Thronbesteigung eines Pharaos begann man daher von Neuem.

Neben den Jahren zählte man auch die Monate und Tage. Ein Jahr war in drei Jahreszeiten gegliedert; sie hießen *ACh.T* »Überschwemmung«, *PR.T* »Aussaat« bzw. »Herauskommen (der Saat)« und *SchMW* »Hitze«. Jede dieser Jahreszeiten hatte vier Monate, deren Namen allerdings selten genannt wurden. Meist sprechen die Texte nur vom 1., 2., 3. oder 4. Monat einer bestimmten Jahreszeit. Jeder Monat zählte 30 Tage, die in drei Wochen zu je zehn Tagen eingeteilt waren; am Ende eines Jahres gab es fünf »Zusatztage«, um die Zahl 365 zu erreichen. Eine vollständige ägyptische Datumsangabe würde sich also folgendermaßen lesen: »Regierungsjahr 14 unter der Majestät des Königs von Ober- und Unterägypten *Neb-maat-Re Amenophis (III.)*, er möge ewig leben, 3. Monat der Überschwemmungsjahreszeit, Tag 7«.

Übung 5

Wie sind also folgende Zahlen zu lesen? (Auflösung siehe S. 118.)

SCHULE UND SCHREIBER

In einem Land, in dem nur wenige Menschen lesen und schreiben konnten, war das Beherrschen der Schrift natürlich mit großem Prestige verbunden. So war es jedem Schreiber möglich, einen der hoch angesehenen Berufe im Dienst des Pharaos zu ergreifen und durchaus bis zum Wesir aufzusteigen.

Das Handwerkszeug eines Schreibers war klein und leicht. Es bestand aus drei Teilen: einem Behälter mit Schreibbinsen, einer meist rechteckigen Palette aus Stein oder Holz, auf deren Oberseite sich zwei Vertiefungen für rote und schwarze Farbe befanden, und einem kleinen Beutel, in dem man die Farbbrocken aufbewahrte. Die drei Teile zusammen bildeten die Vorlage für die Hieroglyphe *SSch*, die in Wörtern wie »Schreiber«, »Schrift« oder »schreiben« vorkommt. Dieses dreiteilige Schreibzeug wurde allerdings schon bald modernisiert. Ab der Mitte des *Alten Reichs* war das wichtigste Utensil des Beamten eine hölzerne Palette mit integriertem Binsenbehälter; nur in seltenen Fällen verwendete man auch jetzt noch separate Hülsen für Schreibbinsen (siehe S. 55). Wie die alten Paletten enthielten auch die modernen auf ihre Oberseite zwei Näpfe für die beiden zum Schreiben nötigen Farben. Das Schwarz bestand weitgehend aus Ruß, das Rot dagegen aus Ocker, einem Mineral, das in großen Klumpen in den ägyptischen Wüstengebieten gefunden wurde und von gelber, oranger, roter oder brauner Farbe sein konnte.

Wegen der großen Anzahl verschiedener Zeichen benötigten ägyptische Schüler relativ viel Zeit, bis sie alle Arten von Texten lesen und niederschreiben konnten. Während ihrer vierjährigen Ausbildung mussten sie zahlreiche alte Texte, vor allem Erzählungen und Lehren, kopieren. Zusätzlich übten sie sich darin, Briefe mit gebräuchlichen höflichen Formulierungen zu entwerfen. Solche »Schülerhandschriften« sind in großer Zahl erhalten, da sie auf Stein- oder Tonscherben geschrieben wurden, also auf nahezu unverwüstlichem Material. Die meisten dieser *Ostraka* wurden in der Nähe der Stadt *Deir el-Medineh* gefunden, in der die Handwerker und Künstler lebten, welche die Gräber im *Tal der Könige* erbauten und ausschmückten. Bei ihrer Abschlussprüfung mussten die angehenden Schreiber dann einen langen Text auf Papyrus wiedergeben, um nach-

Der »Vorsteher der königlichen Schreiber und Größte der Zehn von Oberägypten« Hesi-re mit seinem über die Schulter gehängten Schreibzeug (aus dem Grab des Hesi-re, Saqqara).

zuweisen, dass sie schnell und gut lesbar schreiben konnten und auch die Rechtschreibung beherrschten.

Eine solche Ausbildung war offenbar nicht nur Jungen vorbehalten; zumindest die Königstöchter lernten ebenfalls lesen und schreiben. Vieles deutet darauf hin, dass der Unterricht auch Töchtern von Hofbediensteten zugänglich war. Aus Grabinschriften ist zudem bekannt, dass es weibliche Schreiber gab, wenn auch in geringer Zahl. Meist waren sie als »Sekretärinnen« für weibliche Angehörige des Königshauses tätig. Ägypten war damit wohl das einzige Land, in dem Frauen einen derartigen Beruf ergreifen konnten, und so legten sie auf die Verewigung ihrer außergewöhnlichen Fähigkeit großen Wert. Im 22. Jahrhundert v. Chr. ließ sich beispielsweise Prinzessin *Idut* in ihrem Grab bei einer Bootsfahrt darstellen, bei der auch ihr Schreibzeug nicht fehlte. Bei anderen Frauen verweisen die unter dem Stuhl liegenden Schreibutensilien auf ihre Kenntnisse.

Ägyptische Schulen waren keine selbstständigen Einrichtungen, sondern verschiedenen Institutionen angegliedert; die wichtigsten befanden sich in der Verwaltung des Königspalastes und in den Tempeln des Landes. In Tempelschulen erfuhren die Schüler zudem Wissenswertes über das Wesen der Götter sowie die wichtigsten Gebete und Riten. Für ihre Absolventen bestanden daher gute Aussichten, im Tempel Karriere zu machen. Ein interessantes Zeugnis für eine derartige Laufbahn ist die Biografie eines Hohepriesters des Gottes *Amun* namens *Bak-en-chons*, die er auf der Rückseite einer seiner Statuen verewigen ließ: »Ich war vier Jahre lang Schulknabe an der

Binsenbehälter des Königs Tutanchamun *aus mit Goldfolie überzogenem und mit farbigen Halbedelsteinen verziertem Holz. Die Form des Behälters mit überhängenden, eingerollten Blättern und geschupptem Stamm ist einer Palme nachempfunden (Ägyptisches Museum, Kairo).*

Schreibpalette aus Sykomorenholz mit fünf erhaltenen Schreibbinsen (Kestner-Museum, Hannover).

Schule der Schriften im Tempel der *Mut* und elf Jahre lang Oberster des Übungsstalles des Königs *Men-maat-Re Sethos*; vier Jahre war ich *Wab-Priester* des *Amun*, dann zwölf Jahre *Gottesvater* des *Amun*, fünfzehn Jahre Dritter Prophet des *Amun* und zwölf Jahre Zweiter Prophet des *Amun*. Schließlich wurde ich als Hohepriester des *Amun* eingesetzt.«

Auch Sammlungen von Verhaltensregeln, nach denen sich ein Schreiber in seinem Beruf richten sollte, sind überliefert. Sie galten selbstverständlich auch schon für die Schüler, deren Ziel es war, einmal Verwaltungsbeamter zu werden. Diese oft sehr langen »Lehren« gehörten zum normalen Unterrichtsstoff. In der Lehre für König *Merikare* liest man unter anderem: »Ahme deine Väter und deine Vorväter nach! Erfolgreich arbeiten kann man nur, wenn man ihre Taten kennt. Ihre Worte sind ja erhalten in ihren Schriften; schlage sie auf und lies und eifere den Weisen nach! Ein Meister werden kann nur ein Wissender.«

In der Lehre, die ein Mann namens *Ani* geschrieben hat, findet sich auch eine Begründung, weshalb ein Schreibschüler eifrig lernen soll: »Alles, was du anordnest, wird ausgeführt, wenn du nur in den Schriften Bescheid weißt. Dringe ein in die Schriften, gib sie in dein Herz, dann wird alles, was du sagst, Wirkung haben. In welches Amt auch immer ein Schreiber berufen wird, er soll die Schriften befragen. Das Amt des Vorstehers des Schatzhauses und das Amt des Wesirs wird nicht vom Vater auf den Sohn vererbt; vielmehr wird es nur aufgrund von Fähigkeiten vergeben.«

In der von einem Mann namens *Cheti* geschriebenen Lehre wird noch ein weiterer Grund genannt: »Ein Schreiber auf irgendeinem Posten des Staates, der leidet keine Not! Kein Beamter muss je der Nahrung und der Besitztümer des Staates entbehren.« Es hatte also

Die Göttin Seschat *mit der für sie charakteristischen Tracht, einem Leopardenfell.*

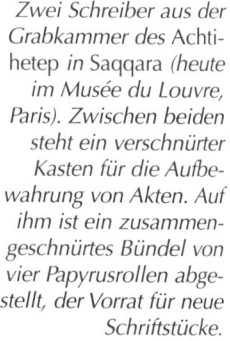

Zwei Schreiber aus der Grabkammer des Achtihetep *in Saqqara (heute im Musée du Louvre, Paris). Zwischen beiden steht ein verschnürter Kasten für die Aufbewahrung von Akten. Auf ihm ist ein zusammengeschnürtes Bündel von vier Papyrusrollen abgestellt, der Vorrat für neue Schriftstücke.*

offensichtlich große Vorteile, diesen Beruf zu ergreifen. Als Schreiber brauchte man sich jedenfalls um die Zukunft keine Sorgen zu machen.

Die für Schreiber zuständigen Götter waren *Toth* und *Seschat*. *Toth* wird meist mit dem Kopf des storchenähnlichen *Ibis* abgebildet. In ihm sahen die Ägypter den Erfinder des Rechnens und Schreibens, der diese Künste an die Menschen weitergegeben hatte. Daher galt er auch als Gott der Weisheit.

Seschat galt seit alter Zeit als Herrin der königlichen Archive. So führte sie für die Götterwelt eine Liste mit den Namen der regierenden Könige und legte die Anzahl ihrer Regierungsjahre fest. Außerdem registrierte sie Anzahl und Art der königlichen Weihegaben an einen Tempel und vollzog gemeinsam mit dem Pharao die Riten der Tempelgründung.

Neben dem Schreibunterricht wurde in der Schule auch Mathematik gelehrt, denn jeder Beamte musste in der Lage sein, Abrechnungen durchzuführen. Da mehrere Papyri mit Rechenaufgaben erhalten sind, wissen wir heute, dass die Schüler nicht nur das Addieren und Subtrahieren, das Multiplizieren und Dividieren beherrschten, sondern auch das Rechnen mit Brüchen. Ferner übten sie das Berechnen von Flächen und Körpern, was für Bauvorhaben von Bedeutung war. Zu den schwierigsten Aufgaben gehörte es, den Materialbedarf für den Bau einer Pyramide zu berechnen. Die Art, in der die Ägypter dieses schwierige Problem lösten, ist zwar ziemlich kompliziert, führt aber zum richtigen Ergebnis. Es war für einen ägyptischen Architekten unumgänglich, derartige Aufgaben zu beherrschen – schließlich musste er genau wissen, wie viele Steinblöcke er für ein solches Bauwerk benötigen würde. Auch die Höhe einer Pyramide mit festgelegter Grundfläche und vorgegebenem Neigungswinkel ließ sich errechnen. Der Winkel wurde durch die Länge des Rücksprungs auf einer bestimmten

Der ibisköpfige Gott Toth *mit seiner Schreibpalette in der rechten Hand.*

Maler benutzten natürlich andere Paletten als Schreiber, da sie zahlreiche Farben benötigten. Wie moderne Malkästen für Wasser- oder Aquarellfarben enthielten sie etwa zehn Vertiefungen für unterschiedliche Farbpasten (Kestner-Museum, Hannover).

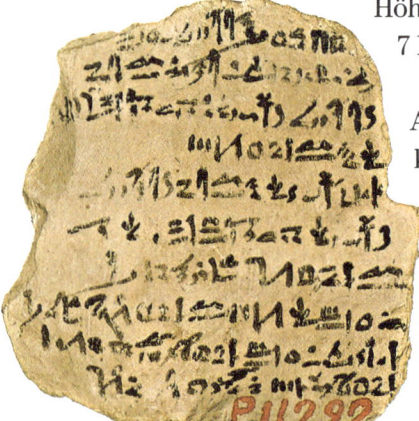

Kalkstein-Ostrakon mit einer Notiz über die Anlieferung von Baumaterial (Ägyptisches Museum, Berlin).

Höhe angegeben, also z.B. 5 Handbreiten Rücksprung auf 7 Handbreiten Höhe.

Das Bruchrechnen war ziemlich umständlich, da mit Ausnahme der Brüche 2/3 und 3/4 nur Stammbrüche bekannt waren, also 1/2, 1/3, 1/4, 1/5 usw. Sollte bei einer Rechnung z.B. die Zahl 14/23 beschrieben werden, so konnte das nur durch Addition mehrerer Stammbrüche geschehen: 1/2 + 1/23 + 1/23 + 1/46. Die Bruchzahl 7/12 konnte auf diese Weise nur als 1/2 + 1/12 ausgedrückt werden, die Bruchzahl 12/13 nur als 1/2 + 1/3 + 1/13 + 1/13 + 1/78.

Dass trotz langjähriger Ausbildung dennoch nicht alle Schreiber in der Lage waren, fehlerlos zu rechnen, belegt die hieratische Notiz auf dem abgebildeten *Ostrakon*: »2. Monat der Aussaat, Tag 13. Entladen an diesem Tag. – Die Mannschaft des Westens. Sie entluden die Lastschiffe unter dem Kommando des *Imen-wahsu*: 6 Schiffe, das macht 14 Steinblöcke. – Die Mannschaft der Lastschiffe. Sie entluden die Lastschiffe unter dem Kommando des *Pa-en-imen*: 7 Schiffe, das macht 15 Steinblöcke und 150 Ziegel. – Die Summe dieses Tages: 13 Schiffe, das macht 29 Steinblöcke und 150 Ziegel. – Behauen wurden an diesem Tag: 12 Blöcke Sandstein, 4 Blöcke harter Stein, 20 Blöcke (anderer) Stein, insgesamt 35 (!).«

Eine Seite des berühmten mathematischen Papyrus Rhind verzeichnet mehrere Aufgaben, in denen das Volumen einer Pyramide und eines Pyramidenstumpfes berechnet wird. Sämtliche Aufgabentypen sind durch kleine Zeichnungen von Pyramiden illustriert; so ist ihre Fragestellung auf den ersten Blick sichtbar (British Museum, London).

Hauptwörter

Nun fehlt nur noch ein kleiner Wortschatz, um kurze Inschriften lesen und übersetzen zu können. Eine Auswahl gängiger Wörter sei hier vorgestellt; im Anhang des Buches findet sich ein ausführliches Verzeichnis sämtlicher im Buch behandelter Vokabeln. Übrigens: Die Ägypter kannten keinen Artikel vor den Hauptwörtern (Substantiven) – es lässt sich daher nicht zwischen Ausdrücken wie »das Haus« und »ein Haus« unterscheiden.

	NSWT	König
	NTschR	Gott
	NB	Herr
	HM	Diener
	HQA	Herrscher
	PR	Haus
	SA	Sohn
	DschW	Berg
	TA	Land
	SSch	Schreiber
	ICh.T	Ding, Sache

Anmerkung: Leider hat es im pharaonischen Ägypten zu keiner Zeit eine eindeutig festgelegte Orthographie gegeben. Je nach vorhandenem Platz und persönlichem Geschmack konnte man Wörter ausführlich, z.B. mit lautlichen Ergänzungen oder mit einem, manchmal sogar zwei Determinativen schreiben; man konnte jedoch auch – besonders bei häufig vorkommenden, sehr geläufigen Vokabeln – eine extra kurze Form wählen, die oft nur aus einem einzigen Zeichen bestand (vergleiche Übung 6, S. 62). So kommt es, dass ein einzeiliger Text dieselbe Aussage haben kann wie eine Inschrift von doppelter oder dreifacher Länge. Das klingt ziemlich verwirrend; je länger man sich jedoch mit der Sprache der alten Ägypter beschäftigt, desto selbstverständlicher wird auch diese Eigenart und desto leichter prägen sich verschiedene Schreibvarianten ein. Meist genügt ein charakteristisches Zeichen oder eine typische Zeichenverbindung, um ein bestimmtes Wort im Textzusammenhang auf Anhieb zu identifizieren. Einige Beispiele sollen dies verdeutlichen:

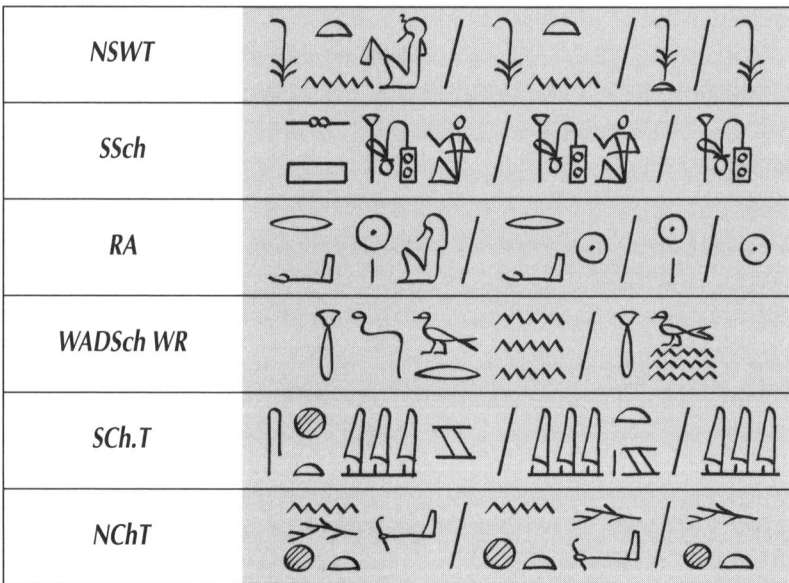

Bei den Übungsstücken im Buch wurden die Schreibungen der Wörter nach Möglichkeit vereinheitlicht, um ihre Entzifferung für den Anfänger nicht unnötig zu erschweren. Beim Lesen von Originaltexten auf Stelen oder Statuen in Museen muss man sich dagegen die Möglichkeit, eine außergewöhnliche Schreibung eines bestimmten Wortes vor sich zu haben, stets in Erinnerung rufen.

Eigenschaftswörter

Natürlich gab es in der altägyptischen Sprache auch Eigenschafts-wörter (Adjektive) zur näheren Beschreibung der Substantive. Zu den häufigsten gehören die folgenden:

	AA	groß
	ASchA	zahlreich sein
	WR	groß
	WADsch	grün, frisch, jung
	NFR	gut, schön
	WAB	rein
	IQR	tüchtig, erfolgreich
	BIN	schlecht, böse
	NDschM	süß, angenehm
	MAA	wahr
	NDschS	klein, gering
	DschSR	heilig
	QA	lang, hoch

Adjektive stehen – anders als im Deutschen – stets hinter dem Hauptwort, zu dem sie gehören. Es heißt also nicht das »große Haus«, sondern das »Haus große«. Der »große Gott« heißt folglich *NTschR AA*, das »schöne Land« *TA NFR*. Wie lautet demnach der »gute Herr«, der »große Bruder« oder der »tüchtige Schreiber«?

Übung 6

Uschebtis waren sehr wichtige Grabbeigaben. Die Ägypter glaubten, dass jeder Mensch, der ein gutes, der göttlichen Weltordnung entsprechendes Leben geführt hatte, nach dem Tode zu einem neuen, ewigen

Leben im Jenseits wiedererweckt würde. Dieses Jenseits dachte man sich als paradiesische Landschaft mit Flüssen und Seen, Bäumen und Sträuchern und fruchtbarem Boden. Die Verstorbenen bekamen ein Stück Land zugewiesen, auf dem sie ihre Nahrung selbst erzeugen konnten. Um sich wenigstens von den besonders anstrengenden bäuerlichen Tätigkeiten, vor allem dem Bewässern und Düngen der Felder, zu befreien, gab man kleine Dienerfigürchen, eben jene *Uschebtis*, mit ins Grab. Sie wurden mittels eines magischen Spruches belebt und für diese Arbeiten eingesetzt. Zu einer möglichst vollständigen Grabausstattung gehörte ein *Uschebti* für jeden Tag des Jahres, für zehn Diener jeweils ein Aufseher und zusätzlich ein Oberaufseher; insgesamt benötigte man also 402 Figuren.

Das Uschebti Tuthmosis' IV. wurde aus ägyptischer Fayence hergestellt, einem damals sehr beliebten und gebräuchlichen Material. Es besteht aus Quarzsplit und fein zermahlenem Sand, und konnte – vermischt mit Soda und Wasser – ähnlich wie Ton ganz einfach modelliert werden. Da sich die Masse auch gut in vorgefertigte Model streichen ließ, bereitete es kaum Mühe, große Mengen identischer Uschebtis oder anderer Figuren herzustellen.

Das kleine Uschebti links (Museum of Fine Arts, Boston) gehörte einst König *Tuthmosis IV.*, der von 1397–1388 v. Chr. regierte. In der Kartusche auf seinen Beinen steht einer seiner Namen, der bislang in den Übungen noch nicht erwähnt wurde. Traditionell besaßen ägyptische Pharaonen eine Titulatur, die aus fünf unterschiedlichen Namen und einleitenden Titeln bestand. Der erste und älteste war der »Horusname«, durch den sich der König mit dem Gott *Horus* gleichstellte; er ist seit der Entstehung des ägyptischen Königtums bekannt (ca. 3200 v. Chr.). Danach folgte der ebenfalls seit der Frühzeit belegte »Herrinnenname«, dessen Titel *NB.TI*, »die beiden Herrinnen«, lautet; mit den beiden Herrinnen sind *Nechbet* und *Wadschet*, die Landesgöttinnen von Ober- und Unterägypten gemeint. Den »Goldhorusnamen« führten die Pharaonen erst seit dem Mittleren Reich (ca. 2050–1800 v. Chr.); sein Titel besteht aus der Hieroglyphe eines auf dem Zeichen für Gold sitzenden Falken. Der vierte Name der Königstitulatur war der »Thronname«, den der König aus Anlass seiner Krönung und Thronbesteigung annahm; der vor ihm stehende Titel lautet *NSWT BIT*, »König von Ober- und Unterägypten«. Zum Schluss folgt dann der »Geburtsname«, der gewöhnlich durch den Titel *SA RA*, »Sohn des Re«, eingeleitet wurde. Die vollständige Titulatur *Tuthmosis' I.*, des ersten Königs diesen Namens, lautete z. B.:

HR MRJ-MAA.T NB.TI ITschI-TAW-NBW HR NWB HWI-PDschW.T-PSDsch NSWT BIT AA-ChPR-KA-RA SA RA DschHWTI-MS

»Der *Horus* Geliebt-von-*Maat*, die beiden Herrinnen Der-alle-Länder-erobert, der Goldhorus Der-die-Neunbogen-schlägt, der König von Ober- und Unterägypten Groß-an-Gestalt-und-*Ka*-wie-*Re*, der Sohn des *Re Toth*-ist-geboren«.

Auf Denkmälern wurden von den Namen jedoch meist nur einer oder zwei, seltener auch drei genannt. Die gebräuchlichsten und wichtigsten waren der Geburts- und der Thronname, die beide in Kartuschen geschrieben wurden. Zur Unterscheidung der Könige ist besonders der Thronname von Bedeutung, da innerhalb einer Dynastie sehr häufig identische Geburtsnamen vorkamen – so trugen z. B. gleich vier Könige der 18. Dynastie den Namen *Tuthmosis*.

Die Inschrift auf dem Uschebti *Tuthmosis' IV.* besteht aus einer einzigen, senkrechten Zeile, die von oben nach unten verläuft. Da sich sämtliche Zeichen nach rechts orientieren, sind die hintereinander stehenden Zeichen von rechts nach links zu lesen. Die Abschrift daneben soll der besseren Lesbarkeit der manchmal nur schlecht erhaltenen Zeichen dienen. Manche Wörter konnten aus Platzmangel auf den *Uschebtis* nur in verkürzter Form wiedergegeben werden; daher folgt nun im Anschluss dieselbe Inschrift noch einmal in ausführlicher Form. Was besagt die Inschrift? (Auflösung siehe S. 118 f.)

Die Endung ».T« der weiblichen Wörter

So wie im Deutschen oft die Endung »-in« verwendet wird, um zwischen maskulinen und femininen Wörtern zu unterscheiden, so verwendeten die Ägypter zur Kennzeichnung weiblicher Wörter die Endung *T*. In der Umschrift mit deutschen Buchstaben wird sie stets mit einem Punkt vom Stamm des Wortes abgetrennt. So kann man auf den ersten Blick erkennen, ob es sich tatsächlich um ein weibliches Wort handelt oder um eine der relativ seltenen männlichen, auf *T* auslautenden Vokabeln. Für die Bildung von zusammenhängenden Ausdrücken oder vollständigen Sätzen ist es unerlässlich, das Geschlecht der Wörter zu kennen.

Beispiele im Deutschen: der Bauer – die Bäuerin, der Enkel – die Enkelin, der Maler – die Malerin.

Beispiele für die ägyptische Endung *.T*:

	SN	der Bruder		*SN.T*	die Schwester
	NTschR	der Gott		*NTschR.T*	die Göttin
	NB	der Herr		*NB.T*	die Herrin
	SA	der Sohn		*SA.T*	die Tochter
	S	der Mann		*S.T*	die Frau
	HM	der Diener		*HM.T*	die Dienerin
	HM-NTschR	der Priester		*HM.T-NTschR*	die Priesterin

	MW.T	die Mutter		*ICh.T*	das Ding, die Sache
	HNW.T	die Herrscherin		*P.T*	der Himmel

Feminine Endungen spielten auch bei Verwandt-schaftsbezeichnungen eine Rolle. Anders als im Deutschen gab es im Ägyptischen keine speziellen Wörter für »Tochter« und »Schwester«, sondern nur Ab-leitungen aus dem männlichen Wort »Sohn« bzw. »Bruder«. Für etwas entferntere Verwandtschaftsgrade wie »Onkel«, »Großmutter« oder »Schwiegervater« gab es sogar überhaupt keine eigenen Bezeich-nungen; stattdessen bildete man zu-sammengesetzte Ausdrücke wie »Bruder der Mutter«, »Schwester des Vaters«, »Mutter der Mutter«, »Vater der Gattin« usw.

Interessant ist, dass man offenbar fast nur bei Verträgen Wert auf die exakte Beschreibung eines Verwandtschaftsverhältnisses legte. Denn in der Regel nannte man auch den Großvater, den Schwiegerva-ter, in manchen Fällen sogar den Onkel einfach *IT*, »Vater«, die Groß-mutter, Schwiegermutter oder Tante *MW.T*, »Mutter«.

Nach demselben Prinzip konnte man alle Familienangehörigen, die zur eigenen Generation gehörten, schlicht als »Bruder« bzw. »Schwes-ter« bezeichnen. So wird im Neuen Reich beispielsweise die Ehefrau sehr häufig mit *SN.T*, »Schwester«, anstelle von *HM.T*, »Gattin«, an-gesprochen, obwohl sie aus einer fremden Familie stammte.

Oberer Teil vom Grab-stein des Hor-her-necht *(Museo Egizio, Turin). Hor-her-necht sitzt links auf einem Stuhl. Vor ihm hocken – von links – sein Vater (*IT*) Sechem-sebek, seine Mutter (*MW.T*) Cheti, sein Bru-der (*SN*) Hor-em-usechet und seine Schwester (*SN.T*) It.*

Und Angehörige einer jüngeren Ge-neration wurden durchweg »Sohn« oder »Tochter« ge-nannt, auch wenn es sich eigentlich um die Kinder der Geschwister oder um die Enkel handelte. Ausnahmen bilden Grabsteine aus dem Mittleren Reich mit Dar-stellungen einer Großfa-milie, deren Angehörige mit ihrem exakt be-stimmten Verhältnis zur Hauptperson auf-gelistet sind.

Statuengruppe des Uch-hetep *und seiner Familie (Ägyptisches Museum, Kairo). Die große Figur mit langem Schurz stellt* Uch-hetep *selbst dar. Bei dem klei-nen Mädchen neben ihm handelt es sich um seine Tochter (*SA.T*) Nebethut-henut-sen, bei den Frauen rechts und links um seine Ehe-frauen (*HM.T*) Chnum-hetep und Nub-kau.*

65

Intef, der Besitzer dieses Grabsteines, sitzt im oberen Bildstreifen zusammen mit einer Frau auf einer Bank. Seine rechte Hand greift nach den zahlreichen, auf einem Tisch aufgebauten Lebensmitteln, die ihn nach seinem Tod im Jenseits vor Hunger bewahren sollten.

Über dem Bild erscheint ein mehrzeiliger Text in Hieroglyphen, der ein Gebet an die Götter *Osiris* und *Upuaut* mit der Bitte um ausreichende Speisen, Getränke, Kleider und andere zum jenseitigen Leben benötigte Dinge beinhaltet. Da man auch im Jenseits keine Not leiden wollte, ließ man es nicht bei der Abbildung der gewünschten Grabbeigaben bewenden, sondern versuchte, durch die Gunst der Götter eine dauerhafte Versorgung zu erreichen. So richteten sich die Bitten besonders an *Osiris*, den Herrscher des Totenreiches, aber auch an andere Götter wie *Anubis, Upuaut, Chontamenti* oder *Amun*.

– Wie oft lassen sich die Namen der Götter *Osiris* und *Upuaut* auf diesem Grabstein finden?
– Zu welcher Person gehört der Text, der im oberen Teil des Grabsteins steht? (Für die Antwort ist die Beachtung der Schriftrichtung wichtig.)
– Neben *Intef* sitzt eine Frau namens *Sat-useret*. Handelt es sich hierbei um seine Frau, seine Schwester oder seine Mutter?
– Vor den beiden stehen mehrere Männer und Frauen. Sind auch sie mit ihm verwandt? Wenn ja, dann müsste das aus der Beischrift ersichtlich sein.
– Mit welchem Zeichen beginnt der Text, der zu dem großen, stehenden Mann gehört?
– Im mittleren Bildstreifen sitzen wieder ein Mann und eine Frau auf einem Stuhl. Bei dem Mann handelt es sich um *Nechti*, den Vater des *Intef*. Wer ist die Frau? Es ist leicht an der Beischrift direkt vor ihrem Gesicht zu erkennen.
– Zu welcher Person gehört der Text, der in der eingerahmten waagerechten Zeile über den beiden sitzenden Personen steht?
– Wer sind der Mann und die vier Frauen, die vor dem Speisetisch in diesem Bildstreifen stehen?
– Ganz unten, im unteren Bildstreifen, sind noch einmal sechs Frauen und zwei Männer zu sehen. Die drei letzten Frauen sind Töchter des *Nechti*. Die drei Frauen am Anfang der Reihe auch?

(Zu den Antworten sowie zur gesamten Übersetzung des Textes auf dem Grabstein des *Intef* siehe S. 120 f.)

Grabstein des Intef aus Abydos (heute im Ägyptischen Museum in Kairo, mit seinen mehr als 100.000 Exponaten in mehr als 100 Räumen das größte ägyptische Museum der Welt).

DIE GRABAUSSTATTUNG

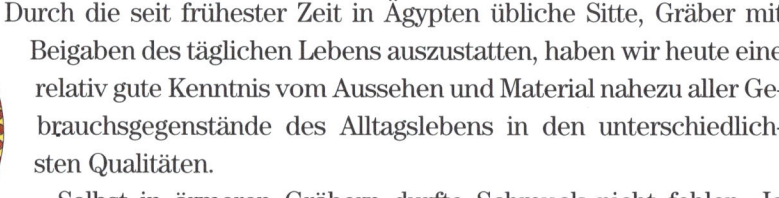

Kette **WSCh**

Durch die seit frühester Zeit in Ägypten übliche Sitte, Gräber mit Beigaben des täglichen Lebens auszustatten, haben wir heute eine relativ gute Kenntnis vom Aussehen und Material nahezu aller Gebrauchsgegenstände des Alltagslebens in den unterschiedlichsten Qualitäten.

Selbst in ärmeren Gräbern durfte Schmuck nicht fehlen. Je nach sozialem Status des Grabbesitzers sind – angefangen vom Ring oder einer einfachen Perlenkette aus ägyptischer Fayence bis hin zum aufwändig verzierten Pektoral oder Schulterkragen mit mehreren Reihen verschiedenfarbiger Perlen – sämtliche Schmuckstücke belegt. Zahlreiche Amulette aus Stein oder Fayence legte man außerdem zwischen die Binden der Mumien. Für ihre schützende Funktion waren sowohl Form als auch Farbe ausschlaggebend; so sorgte eine grüne Papyruspflanze für Jugend und Frische, ein goldener Djedpfeiler für Wiederauferstehung im Jenseits.

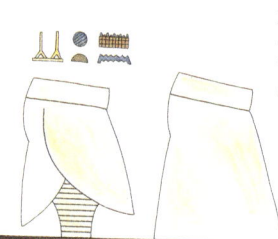

Alabastergefäß **SchS**

Kosmetik und Salböle dagegen waren eindeutig Luxusgüter – die kostbaren, mit pflegenden Salben, Duftölen oder schwarzer bzw. grüner Augenschminke gefüllten Gefäße aus Stein, Glas oder Fayence kommen nur in reichen Grabausstattungen vor. Dasselbe gilt für Kleidungsstücke. Während z.B. bei Bestattungen der unteren Bevölkerungsschichten teure Stoffe vollständig fehlen, fanden sich dagegen im Grab des Baumeisters Cha neben mehreren unverarbeiteten Stoffen auch etwa 15 Kleidungsstücke. Im Grab des Pharaos *Tutanchamun* waren es sogar fast 150 Lendentücher, etwa 20 zum Teil prunkvoll verzierte Tuniken sowie unzählige Schärpen und Bänder.

Kleid **MNCh.T**

Zu den interessantesten Grabbeigaben gehören zweifellos die Möbelstücke, die ebenfalls ausschließlich in reichen Gräbern zu finden sind. Am häufigsten sind Kästen oder Truhen aus Holz, in denen man vor allem Kleidung aufbewahrte. Sie waren fast immer mit geometrischen Mustern oder figürlichen Szenen bemalt, oft auch mit feinem Schnitz-

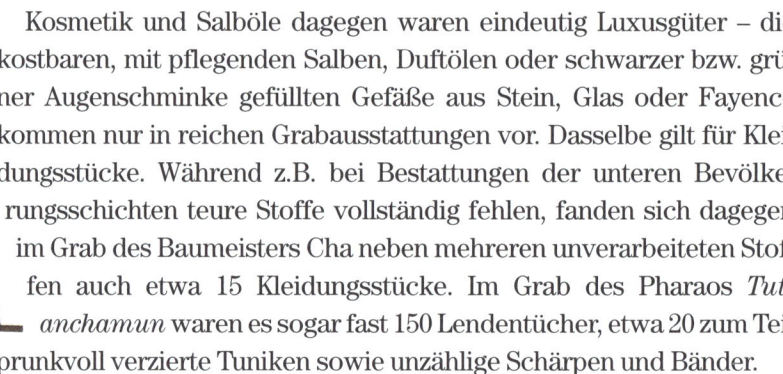

Sandale **TschBW**

Truhe **AFDsch.T**

werk oder Einlegearbeiten verziert. Die gefundenen Sitzmöbel sind äußerst vielfältig – sie reichen von einfachen, dreibeinigen Hockern über Klapp- und Lehnstühle bis hin zu breiten Sesseln mit Armlehnen und gepolsterten Sitzflächen. Betten dagegen sind eher selten, doch weisen auch sie unterschiedlichste Formen auf. Es gab einfache und schlichte Betten mit vier geraden Beinen und einer Liegefläche aus geflochtenen Pflanzenfasern, aber auch Prunkbetten mit Löwenbeinen und plastisch modellierten Löwenköpfen am Fußteil. Zur Grabausstattung des *Tut-anch-Amun* gehörte gar ein zusammenklappbares Feldbett, das der König offensichtlich bei seinen Reisen verwendete.

Stuhl **PHDschW**

Zusätzlichen Komfort boten Kopfstützen aus Holz, Keramik oder Stein, durch die der Kopf bei Seitenlage in eine bequeme Position gebracht wurde. Da sie den Kopf des Schlafenden gleichzeitig vor Ungeziefer schützten, waren sie sehr beliebt; sie bilden das einzige Kleinmöbel, auf das auch Angehörige der einfachen Bevölkerung

Bett **ATsch.T**

nach Möglichkeit nicht verzichten wollten.

Von besonderer Bedeutung für das Weiterleben des Verstorbenen im Jenseits waren auch die Totenbücher. Mit diesem Ausdruck bezeichnet man heute auf Papyrus geschriebene Zusammenstellungen magischer Sprüche, die den Verstorbenen vor den Angriffen böser Mächte bewahren und ihm im Jenseits zu einer neuen, gottähnlichen Seinsform verhelfen sollten. Schon um den Eingang ins Jenseits zu finden, bedurfte es beispielsweise einer genauen Kenntnis der örtlichen Gegebenheiten. Eine ganze Gruppe von Sprüchen versorgte den Toten mit dem entsprechenden Wissen. Hatte er diese erste Schwierigkeit gemeistert, so musste er noch mehrere Tore passieren, die von gefährlichen Dämonen bewacht wurden. Dies gelang nur, wenn er die komplizierten Namen der Torhüter, beispielsweise »Der Nilpferdgesichtige mit rasender Wut«, zu nennen wusste. Im Jenseits angelangt,

Feige **DAB**

galt es, mit Hilfe der zahlreichen Verwandlungssprüche eine göttliche Gestalt anzunehmen, um wahrhaft unsterblich zu werden. Zum besseren Verständnis der Texte sind ihnen meist kleine, in vielen Farben kolorierte Darstellungen beigefügt. Insgesamt sind etwa 200 verschiedene Sprüche bekannt, von denen die einzelnen Totenbuch-Papyri je-

Wein **IRP**

Traube **IARR.T**
Granatapfel **INHMN**

69

Brot **T**

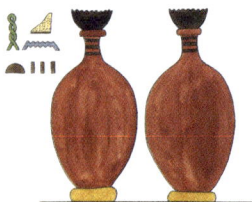

Bier **HNQ.T**

Nilbuntbarsch **IN.T**

Geflügel **APD**

Dorkasgazelle **GHS**

doch nur eine willkürlich zusammengestellte Auswahl enthalten. Ihre Länge schwankte – je nach Anzahl der Sprüche – zwischen etwa einem und über vierundzwanzig Metern. Da ein Totenbuch mittlerer Größe mehr als sechs Monatslöhne eines gut bezahlten Handwerkers kostete, war sein Besitz nur den Besserverdienenden vorbehalten.

Neben diesen materiellen Gütern ist – durch Nahrungsbeigaben oder Darstellungen an Grabwänden – auch der Speisezettel der ägyptischen Bevölkerung gut bekannt. Die Grundnahrung bestand hauptsächlich aus den Getreideerzeugnissen Brot bzw. Kuchen und Bier, angereichert durch Hülsenfrüchte und zahlreiche Gemüse- und Obstsorten; *Lattich*, Zwiebeln, Kürbisse und Melonen gehörten ebenso dazu wie Weintrauben, Feigen, Datteln, Nüsse von *Dumpalmen* oder Granatäpfel. Viele dieser Früchte wurden nicht nur roh verzehrt, sondern auch zu Getränken verarbeitet, indem man das gestampfte Fruchtfleisch gären ließ und anschließend den Saft herauspresste.

Fisch und Geflügel waren ebenfalls für einen Großteil der Bevölkerung erschwinglich: Neben gezüchteten Gänsen und Enten fing man vor allem im Frühjahr und Herbst auch Zugvögel, die bis zur Schlachtung in Käfigen und größeren Gehegen gehalten wurden. Das Fleisch von Schweinen, Schafen, Ziegen und besonders das von Rindern konnten sich allerdings gewöhnlich nur Angehörige der Oberschicht leisten. Es wurde meist in großen Kesseln gekocht und nur in seltenen Fällen über offenem Feuer gebraten. Zusätzlich wurde auch Jagd auf das Wild der Wüste gemacht – zahlreiche Darstellungen bezeugen den Fang von Gazellen, Steinböcken und Antilopen, die entweder sofort erlegt und verarbeitet, zum Teil aber auch über einen längeren Zeitraum in Gefangenschaft gehalten und gemästet wurden. Fleisch, Fisch und Geflügel wurde, wie häufige Funde in Gräbern belegen, nicht nur frisch zubereitet, sondern auch eingepökelt und in großen tönernen Vorratsgefäßen gelagert.

Rind **IH**

Steinbock **NIA**

Oft ließ sich der Besitzer eines Grabes vor einem kleinen runden Tisch darstellen, der – wie hier – unter einer Vielzahl von Speisen und Getränken zusammenzubrechen scheint: Ganz unten in der Mitte steht ein hoher Korb mit blauen Weintrauben, flankiert von zwei runden Kuchen, einem ovalen Brotlaib und dem Kopf eines Rindes; darüber liegen drei längliche Melonen, eine Rebe Trauben, das Vorderbein eines Rindes, ein Stück Fleisch sowie ein Rinderherz; darüber wiederum ein runder Kuchen mit Nüssen oder Früchten, ein Teller mit einer Speise, die mit Honig oder Johannisbrot gesüßt wurde, nochmals zwei Me-

Speisetisch mit verschiedenen Nahrungsopfern (Grab des Rech-mi-re, Theben)

lonen und eine gerupfte Gans; noch weiter oben folgt eine noch nicht gerupfte Spießente; neben ihr weitere Weintrauben und Melonen, außerdem ein Rippenstück vom Rind; darüber nochmals ein runder Kuchen sowie zwei ovale und zwei längliche Brote, zwei Weinreben, ein Fleischstück mit Knochen und eine gut gefüllte Schale mit Feigen; obenauf sind schließlich ein Bund Zwiebeln und eine *Lattichpflanze* ausgebreitet. Die Getränke – Wein und Bier – stehen in zwei verschlossenen, voluminösen Gefäßen auf tönernen Standringen unter dem Tisch; sie sind mit einem Lehmstopfen versiegelt und mit Lotosblüten geschmückt. Unter der linken Tischhälfte ist zusätzlich eine kleine Opferliste angebracht. Sie nennt tausend Brote, tausend Krüge Bier, tausend Rinder, tausend Vögel, tausend Alabastergefäße (mit Salben oder Ölen) sowie tausend Kleidungsstücke.

Mehrzahl

Um ein Wort in die Mehrzahl zu setzen, wendeten die Ägypter eine äußerst einfache Methode an: Sie versahen das betreffende Wort mit drei Strichen. Bestand es aus nur einem einzigen Schriftzeichen, so konnte dieses auch selbst verdreifacht werden. Die Pluralbildung unterliegt also wesentlich einfacheren Regeln als im Deutschen, wo für fast jedes Wort eine anders lautende Mehrzahl existiert: der Baum – die Bäume, das Haus – die Häuser, der Garten – die Gärten oder die Rose – die Rosen usw. Anders im Ägyptischen; hier ist auch die Aussprache leicht zu merken – an die Singularform des Wortes wird nur ein *W* (ausgesprochen als *U*) angehängt. Die Pluralbildung ist auch bei weiblichen Wörtern, die alle auf *T* enden, nicht wesentlich komplizierter. Da es sich bei diesem *T* nur um eine Endung handelt, wird das Plural-*W* nicht angehängt, sondern vor die Endung *T* gesetzt.

Maskuline Wörter:

	SN Bruder		*SNW* Brüder
	HQA Herrscher		*HQAW* Herrscher
	NTschR Gott		*NTschRW* Götter
	PR Haus		*PRW* Häuser
	TA Land		*TAW* Länder
	HM Diener		*HMW* Diener
	ChRD Kind		*ChRDW* Kinder
	IT Vater		*ITW* Väter

Feminine Wörter:

Hieroglyphen	Wort	Hieroglyphen	Wort
	SN.T Schwester		**SNW.T** Schwestern
	MW.T Mutter		**MWW.T** Mütter
	NB.T Herrin		**NBW.T** Herrinnen
	HW.T Tempel		**HWW.T** Tempel
	IR.T Auge		**IRW.T** Augen
	HA.T Vorderteil		**HAW.T** Vorderteile
	HM.T Ehefrau		**HMW.T** Ehefrauen
	ICh.T Sache		**IChW.T** Sachen

Anmerkung: in der altägyptischen Sprache existierte noch eine Sonderform des Plurals für Lebewesen und Gegenstände, die häufig als Paare genannt werden, wie »die beiden Augen«, »die beiden Arme«, »die beiden Länder« (ein gebräuchlicher Ausdruck für das Land Ägypten) oder »die beiden Brüder«. Diese Form wird als »Dual« bezeichnet. Man bildet ihn ebenfalls durch das Anhängen einer kurzen Endung an die Singularform, die bei maskulinen Wörtern *WI* (ausgesprochen *UI*), bei femininen Wörtern *I* lautet. Beispiele: *TAWI* »die beiden Länder« oder *SN.TI* »die beiden Schwestern«. Geschrieben wird der Dual entweder mit zwei kleinen, schräg gesetzten Strichen oder, wenn das Wort aus nur einem Zeichen besteht, einfach mit Verdoppelung desselben:

Hieroglyphen	Wort	Hieroglyphen	Wort
	TAWI		**SN.TI**

Die kleine Liste vom Grabstein des *Henenu* verzeichnet die Gegenstände, auf deren Besitz *Henenu* im Jenseits nicht verzichten wollte. Sie beginnt hinter dem Wort für »Totenopfer« (*PRI.T – ChRW*).

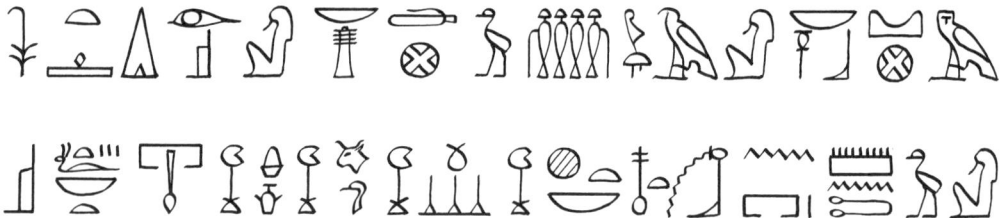

Wie fast immer sind nur sechs verschiedene Dinge aufgezählt; es sind dieselben wie bei der Opferliste unter dem Tisch des *Rech-mi-re* (S. 71). Alle Dinge, die nicht namentlich genannt wurden, fasste man in einer einzigen, einfachen Bitte zusammen: »und alle (anderen) guten und reinen Dinge«. Das war kurz und prägnant und stellte sicher, dass man nichts Wichtiges vergaß. Welche Menge von all diesen Dingen nennt *Henenu* in der Liste? (Auflösung siehe S. 121 f.)

Fast alle Objekte der Grabausstattung, wie Grabsteine, Särge, Statuen, Truhen oder sogar Stühle, waren mit einem derartigen Text beschriftet, der heute in der Ägyptologie als »Opferformel« bezeichnet wird. Der Aufbau dieser Opferformel folgte einem festgelegten Schema und bestand aus drei Teilen:

Es begann stets mit dem Ausdruck *HTP DschI NSWT* und dem Namen eines oder mehrerer Götter, in diesem Fall *Osiris* und *Chontamenti*. Die Übersetzung lautet »ein Opfer, das der König gibt dem *Osiris* und dem *Chontamenti*«. Da der Ausdruck so überaus häufig verwendet wurde, schrieb man ihn meist in Kurzform; das Wort *NSWT*, »König«, besteht nur aus der Binse mit dem Brot, das Wort *HTP*, »Opfer«, nur aus der Matte mit dem Opferbrot.

Den mittleren Teil einer Opferformel bildete der Wunsch des Verstorbenen nach Opfergaben, einem prächtigen Grab oder einem guten Leben im Jenseits. Er wurde oft mit der Aufforderung »er möge geben« bzw. bei mehreren Göttern »sie mögen geben« eingeleitet. Jedem Ägypter war die Opferformel allerdings so geläufig, dass man teilweise auf diese Aufforderung verzichtete.

Ganz zum Schluss wurde dann der Adressat, also der Empfänger der Opfer, genannt. Seinen Namen, in diesem Fall *Henenu*, leitete der Ausdruck *N KA N* ein, übersetzt »für den *Ka* des *Henenu*«.

Alle Grabbeigaben sollten in großen Mengen vorrätig sein. Sämtliche Totenopfer wurden daher nicht im Singular, sondern im Plural in den Listen verzeichnet. Wie lautet der Plural der folgenden Wörter in Aussprache und Schrift? (Auflösung siehe S. 122 f.)

ein		viele	
Brot		Brote	
Bier		Bier	
Wein		Wein	
Rind		Rinder	
Stück Geflügel		Stücke Geflügel	
Steinbock		Steinböcke	
Dorkasgazelle		Dorkasgazellen	
Kleid		Kleider	
Kette		Ketten	
Stuhl		Stühle	
Sandale		Sandalen	
Bett		Betten	
Truhe		Truhen	

CHAMPOLLION UND DIE ENTZIFFERUNG DER HIEROGLYPHEN

Die richtige Lesung der Hieroglyphen war für viele Jahrhunderte in Vergessenheit geraten. Zwar hatte man sich schon seit der Renaissance Gedanken über ihren Sinn gemacht, doch war es niemandem gelungen, hinter die Bedeutung der Schriftzeichen zu kommen. Der Hauptgrund dafür war die weit verbreitete Meinung, es müsse sich bei den Hieroglyphen um eine Bilderschrift handeln. Der bekannteste Vertreter dieser Ansicht, der im 17. Jahrhundert lebende Jesuitenpater und Universalgelehrte Athanasius Kircher, glaubte, den Schlüssel zu ihrem Verständnis gefunden zu haben. Er fertigte ausgesprochen fantasievolle »Übersetzungen« an, die jedoch mit dem eigentlichen Inhalt der Inschriften nichts gemein hatten. Die richtige Idee hatte schließlich ein junger Franzose im Jahr 1824. Er erkannte, dass es in dieser Schrift zwar tatsächlich auch Bildzeichen gibt, es sich bei den meisten Zeichen jedoch um Lautzeichen handelt.

Dieser Mann hieß Jean-François Champollion. 1790 als Sohn eines fahrenden Buchhändlers in Figeac in Südfrankreich geboren, war er für diese Aufgabe keineswegs prädestiniert. Da sein Vater stets außerhalb beschäftigt war und die Mutter häufig kränkelte, ruhte die Erziehung des kleinen Jean-François hauptsächlich auf den Schultern des elf Jahre älteren Bruders Jacques-Joseph. Von ihm stammt seine schon früh zu beobachtende Leidenschaft für die Forschung, die Philosophie und vor allem für den Orient. Er war es auch, der ihm seinen ersten Lehrer suchte, einen Priester, der ihm Grundkenntnisse in Latein und Griechisch, vielleicht auch schon in Hebräisch vermittelte, und ihn in Botanik und Astronomie unterrichtete. Als Jacques-Joseph eine Anstellung in Grenoble fand, holte er schon bald seinen jüngeren Bruder nach, damit dieser endlich eine gute Schule besuchen konnte. Nun konnte sich Jean-François ernsthaft dem Studium der orientalischen Sprachen widmen, die ihn am meisten faszinierten. Seine Fortschritte wa-

Jean-François Champollion nach einem Gemälde von Léon Cogniet (Musée du Louvre, Paris).

ren so beträchtlich – mit fünfzehn Jahren beherrschte er bereits zehn Sprachen –, dass er bald an die »École des Languages Orientales« (Akademie für orientalische Sprachen) in Paris wechseln konnte. Schon dort war es sein erklärtes Ziel, die rätselhaften Hieroglyphen zu entziffern. In einem 1806 an seine Eltern gerichteten Brief schrieb er, er habe vor, die Welt mit dem antiken Ägypten vertraut zu machen. Aufgrund seiner Überzeugung, dass die koptische Kirchensprache eine in griechischen Lettern geschriebene späte Stufe des Altägyptischen sei, ließ er sich von einem koptischen Priester auch in dieser Sprache unterrichten. Schon 1810 erkannte er die Einheitlichkeit der verschiedenen, in der Pharaonenzeit verwendeten Schriften (Hieroglyphen, Hieratisch und Demotisch) und vermutete unter den Hieroglyphen auch Lautzeichen.

Als wichtigstes Mittel für die Entzifferung diente ihm der »Stein von Rosette«, eine große *Stele* aus schwarzem Granit mit einer altägyptischen Inschrift (geschrieben in Hieroglyphen und in Demotisch, einer schwer lesbaren Schriftform der Spätzeit) und – da der Text zur Zeit der griechischen Fremdherrscher verfasst worden war – einer zusätzlichen Übersetzung ins Griechische. Diesen Steinblock hatten französische Soldaten 1799 während Napoleons Ägyptenfeldzug entdeckt. Da die Franzosen jedoch im Verlauf der folgenden zwei Jahre eine endgültige Niederlage gegen die Briten erlitten, gelangte der Stein nicht wie geplant nach Paris, sondern kam als Teil der englischen Beute nach London, wo er im Britischen Museum ausgestellt wurde.

Der berühmte »Stein von Rosette« (British Museum, London).

In den ersten beiden Jahrzehnten des 19. Jahrhunderts entbrannte ein regelrechter Wettstreit um die Entzifferung der Hieroglyphen. Der bedeutendste Rivale Champollions war dabei der englische Physiker Thomas Young. Auch er analysierte den »Stein von Rosette«, wobei es ihm sogar gelang, ein paar der Königsnamen annähernd richtig zu entziffern. Es war Ironie des Schicksals, dass dennoch ein Franzose – und nicht ein Engländer – das Wunder vollbrachte.

Wie aber gelang nun Champollion die Lösung des Rätsels? Wichtig war zuerst die Einsicht, dass die Hieroglyphen keine reine Bilderschrift sind. Das erkannte er schon

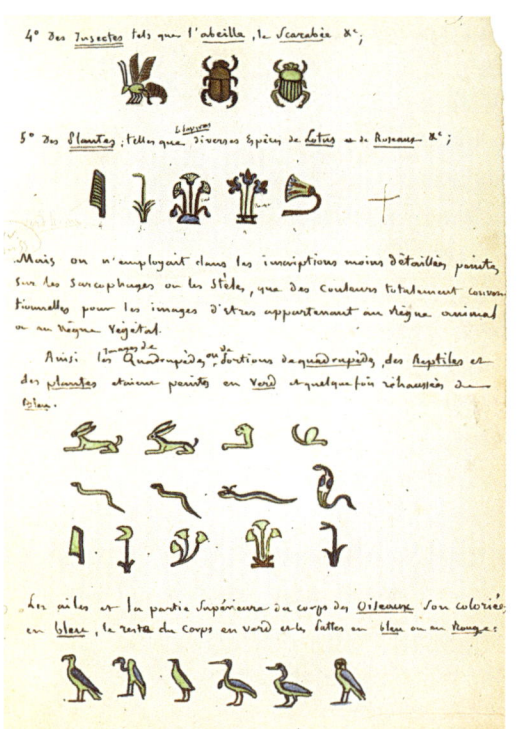

Eine Seite aus dem Buch Champollions über die ägyptische Schrift. Sie zeigt einen Ausschnitt aus der Zusammenstellung verschiedener Zeichen, die er nach Gruppen – Säugetiere, Vögel, Fische, Reptilien, Insekten, Pflanzen, Gebäude, Möbel, usw. – geordnet hatte.

an der Tatsache, dass er auf dem Stein 1419 Hieroglyphen zählte, jedoch nur 486 griechische Wörter. Eine weitere Grundlage für die Entzifferung bildeten die Königsnamen, die in der Inschrift genannt sind. Der Name des Ptolemaios kommt mehrfach sowohl im griechischen als auch im hieroglyphischen Text vor. Er konnte leicht identifiziert werden, da er – wie alle Königsnamen – von einer Kartusche eingerahmt ist. Diese Tatsache war schon seit längerer Zeit bekannt. Schwierigkeiten bereitete nur der Umstand, dass in der Kartusche weniger Zeichen standen, als der Name *Ptolemaios* Buchstaben hatte. Champollion vermutete jedoch, dass im Ägyptischen wie im Arabischen die Vokale oft nicht geschrieben wurden. So deutete er die Zeichen als Schreibungen der Laute *P-T-O-L-M-I-S*. Anschließend versuchte er, diese Lesung anhand anderer Königsnamen zu überprüfen. Der Name der Königin *Kleopatra*, der auf einem Obelisk in England stand, bewies die Richtigkeit seiner Deutung. Auch andere Königsnamen, allen voran die der römischen Kaiser, die über Ägypten geherrscht hatten, ließen sich nun entziffern, z. B. *Domitianus*, *Traianus* usw. Jedes neue Wort, jeder neu entzifferte Name brachte weitere Erkenntnisse hinzu. Im Herbst 1822 konnte Champollion in Paris in einem Aufsehen erregenden Vortrag seine Ergebnisse, die richtige Lesung zahlreicher Hieroglyphen anhand griechischer und römischer Königsnamen, vorstellen.

Einige Zeit später, im Jahre 1824, publizierte er schließlich seine Schrift »Abriss des hieroglyphischen Schriftsystems«, in der er die Grundstruktur der ägyptischen Schrift und Sprache darlegte. Nach langen Vergleichen hatte er erkannt, dass es im Ägyptischen nicht nur Lautzeichen gab – dazu waren es einfach zu viele Hieroglyphen –, sondern auch Bildzeichen. Damit war der Schleier gelüftet und die Texte der ägyptischen Könige, Priester und Beamten endlich der Wissenschaft zugänglich. Jetzt konnte man beginnen, die ägyptische Geschichte zu erforschen.

Persönliche Fürwörter

Um vollständige und vielseitige Sätze bilden zu können, ist es notwendig, noch ein paar weitere Wortgattungen kennen zu lernen. Wichtig ist vor allem die Gruppe der persönlichen Fürwörter (Personalpronomen), also »ich«, »du«, »er«, »sie«, »wir«, »ihr«, »sie« (für das Neutrum »es« wird im Altägyptischen normalerweise die feminine Form »sie« verwendet).

Es gibt drei verschiedene Möglichkeiten, diese Wörter in der ägyptischen Sprache zu schreiben oder zu sprechen: Die unabhängigen Personalpronomen können als eigenständiges Wort am Satzanfang stehen. Die abhängigen Personalpronomen sind ebenfalls selbstständige Wörter, die jedoch nicht direkt am Satzanfang stehen können. Die kurzen Suffixpronomen werden ausschließlich an ein Substantiv oder ein Verb angehängt. Je nach dem Satzzusammenhang ist die eine oder die andere Form der Fürwörter zu wählen.

Die Formen der unabhängigen Personalpronomen:

ich		*INK*	wir		*INN*
du (Mann)		*NTK*	ihr		*NTTschN*
du (Frau)		*NTTsch*			
er		*NTF*	sie		*NTSN*
sie		*NTS*			

Diese Form der Fürwörter steht vor allem im Nominativ und bildet innerhalb eines Satzes meist das Subjekt. Sie erscheint hauptsächlich in Sätzen mit Hilfsverben, wie beispielsweise »**Ich** bin im Haus.«. Da die altägyptische Sprache keine Hilfsverben kannte, lautet die Übersetzung einfach *INK M PR*, also eigentlich »**ich** im Haus«. Weitere Beispiele auf der folgenden Seite:

Wir sind Väter. **INN ITW**	
Sie sind im Himmel. **NTSN M P.T**	
Ich bin ein Diener. **INK BAK**	
Er ist in Ägypten. **NTF M KM.T**	
Ihr seid im Tempel. **NTTschN M HW.T**	
Du bist die Herrin. **NTTsch HNW.T**	
Sie ist eine Priesterin. **NTS HM.T NTschR**	
Ich bin ein tüchtiger Mann. **INK S IQR**	

Die Formen der abhängigen Personalpronomen:

mich, ich		**WI**	uns, wir		**N**
dich, du (Mann)		**TschW**	euch, ihr		**TschN**
dich, du (Frau)		**TschN**			
ihn, er		**SW**	ihnen, sie		**SN**
ihr, sie		**ST/SI**			

Diese Fürwörter erscheinen meist als direktes Objekt nach einem konjugierten Verb, wie beispielsweise in den Sätzen »Er näherte sich **mir**.« oder »Sie sieht **mich**.« und müssen dann, je nach dem Zusammenhang, im Dativ oder Akkusativ übersetzt werden. Manchmal stehen sie jedoch auch im Nominativ und können dann – wenn auch nur in wenigen Fällen – sogar das Subjekt eines Satzes bilden. Die Wortstellung innerhalb der Sätze weicht dabei häufig von der uns geläufigen ab: So bildet bei kurzen Sätzen, die nur aus einem Adjektiv und einem abhängigen Personalpronomen bestehen, das Pronomen das Subjekt, auch wenn es hinter dem Adjektiv steht. Auch hierzu einige Beispiele:

Sie sind zahlreich. **ASchA SN**	
Ihr seid vollkommen. **NFR TschN**	
Sie ist vortrefflich. **IQR ST**	
Sie mich (an)! **MAA WI**	
Nun ist er ein Schreiber. **ISTsch SW M SSch**	

Die Formen der Suffixpronomen:

mein		**-I**	unser		**-N**
dein (Mann)		**-K**	euer		**-TschN**
dein (Frau)		**-Tsch**			
sein		**-F**	ihr		**-SN**
ihr		**-S**			

Die Ägypter verwendeten diese Art von Pronomen in zweifacher Weise. Hängen sie an einem Substantiv, so werden sie als besitzanzeigende Fürwörter (Possessivpronomen) übersetzt. »**Mein** Haus« heißt zum Beispiel *PR-I*. Weitere Beispiele:

mein Haus **PR-I**	
sein Herr **NB-F**	
dein Gott **NTschR-K**	
ihre Kraft **NChT-S**	
eure Mutter **MW.T-TschN**	
unser Vater **IT-N**	
dein kleiner Bruder **SN-Tsch NDschS**	
sein tüchtiger Diener **HM-F IQR**	
ihre schönen Frauen **HMW.T-SN NFRW.T**	

Hängen dieselben Fürwörter an einem Verb, so stellen sie sein Subjekt dar – sie werden also zusätzlich auch für die Konjugation von Verben verwendet, um Formen zu bilden wie »**ich** gehe«, »**du** hörst«, »**wir** sehen« usw. Mehr dazu auf S. 92 f.

DAS LOB DES SCHREIBERS

Die sozialen Klassen waren in der ägyptischen Bevölkerung ähnlich verteilt wie heute: Es gab einige wenige reiche Familien und eine nicht sehr umfangreiche Mittelschicht; der Großteil des Volkes war hingegen arm. Zu ihm gehörten vor allem die Bauern, die nicht einmal das Land besaßen, auf dem sie arbeiteten. Für ihre geleisteten Dienste erhielten sie von dem Besitzer des Landgutes, auf dem sie lebten, gerade so viel Nahrungsmittel und Kleidung, wie sie für ihren Lebensunterhalt benötigten.

Wer jedoch schreiben und lesen konnte, gehörte zu den Bessergestellten. Er konnte einen Beruf in der Verwaltung ergreifen und musste keinerlei schwere körperliche Tätigkeit verrichten. Man sagte: »Werde Schreiber! Es rettet dich vor harter Arbeit und bewahrt dich vor jeder Art von Mühe!«; »Werde Schreiber, damit deine Glieder fein bleiben!«; oder auch: »Deine Schreibpalette und deine Papyrusrolle sind köstlich und bringen dir Wohlstand!«

Alle Menschen, Handwerker, Künstler und auch Schreiber wurden in Naturalien bezahlt, da noch keine Geldwährung existierte. Benötigte man eine Ware, die man nicht selbst herstellen konnte, so musste man sie gegen etwas anderes eintauschen, zum Beispiel gegen Getreide. Der Wert vieler Gebrauchsgüter ist heute durch die relativ zahlreich erhaltenen »Kaufquittungen« bekannt. Der größte Teil dieser Funde stammt aus der Siedlung *Deir el-Medineh*, in der die Handwerker und Künstler lebten, die beim Bau der Gräber im *Tal der Könige* beschäftigt waren. Die Schreiber dieses Ortes verdienten mehr als die einfachen Handwerker, doch konnten es sich auch jene leisten, ihr Haus mit Möbeln auszustatten oder teure Lebensmittel zu erwerben. Die unterschiedliche Lohnhöhe der Bewohner von *Deir el-Medineh* zur Zeit der 20. Dynastie belegt ein hier gefundenes *Ostrakon*. So erhielten Vorarbeiter und Schreiber exakt dasselbe, nämlich 2 Sack Gerste und 5½ Sack Emmer, ein Handwerker dagegen nur 1½ Sack Gerste und 4 Sack Emmer; ihr Einkommen war jedoch deutlich höher als das einer Dienerin, die zwar auch 1½ Sack Gerste, jedoch nur 1½ Sack Emmer verdiente.

Als Maßstab für den Vergleich des Wertes verschiedener Waren diente eine bestimmte

Maler **SSch QDW.T**
(Grab des Baqet,
Beni Hasan*)*

Bildhauer **QSTI** *(Grab des Ti, Saqqara)*

Menge von Kupfer, das *Deben*. Der Tauschhandel bediente sich dieser Kupfer-*Deben*, um beispielsweise den Preis eines Rindes in Getreide festzulegen. Ein Sack Mehl hatte den Wert von 8 Kupfer-*Deben*, ein ausgewachsenes Rind den Wert von etwa 120. Wollte man also ein Rind kaufen, musste man 15 Säcke Mehl dagegen eintauschen – oder etwas anderes, das denselben Wert hatte, wie zum Beispiel 4 Esel oder 6 Betten oder auch 15 Stühle.

Ein von einem Mann namens *Cheti* verfasster Papyrus beschreibt den Beruf des Schreibers als besonders angenehm; jeder Schriftkundige konnte danach ein schönes Leben führen, wurde geachtet und hatte niemals Sorgen. Alle anderen Berufe werden dagegen in möglichst negativem Licht geschildert. Sie seien mit schweren Plagen verbunden und die Menschen, die diese Berufe ausübten, würden ihres Lebens nicht froh. Der Text diente in den Schulen als beliebter Unterrichtsstoff – wahrscheinlich wollte man den Schülern damit zeigen, dass es zwar etwas mühsam ist, sich die vielen verschiedenen Hieroglyphen einzuprägen, dass sich die Anstrengungen aber lohnten; denn danach winkte ein geradezu wunderbares Leben.

Dass nicht alle Schüler gerne dem Unterricht folgten, davon erzählen auch manche Texte: »Verbringe keinen Tag müßig, sonst wirst du geschlagen. Das Ohr eines Jungen befindet sich auf seinem Rücken; er hört erst dann richtig zu, wenn er geschlagen wird. Frage eifrig um Rat! Sei nicht nachlässig! Schreibe! Sei nicht widerwillig!«

Doch nun zum »Lob des Schreibers«, wie es in der Lehre des *Cheti* niedergeschrieben wurde:

»Beginn der Lehre, die ein Mann aus *Sile* – sein Name ist *Cheti*, Sohn des *Duauf* – für seinen Sohn namens *Pepi* geschrieben hat. Er befand sich damals auf der Fahrt nach Süden zur Residenz des Königs, um seinen Sohn in die Schule der Bücher zu bringen, zwischen die Kinder der Minister, unter die Elite der Residenz. Da sprach er zu seinem Sohn:

Metallgießer **NBJ** *(Grab des Rech-mi-re, Theben)*

Ich habe die Geprügelten gesehen – setze du dein Herz hinter die Bücher! Denn ich habe auch die beobachtet, die man von der körperlichen Arbeit befreit hat – es geht nichts über die Bücher. Merke dir immer, was auch am Ende des Buches Kemit steht:

›Ein Schreiber auf irgendeinem Posten des Staates, der leidet keine Not!‹ Er verwendet seinen Verstand für die anderen, und geht er dann nicht zufrieden nach Hause? Ich kenne keinen Beruf, der dem des Schreibers darin ähnlich wäre. Bald wirst du ihn über alles lieben und seine Vollkommenheit erkennen. Der Beruf des Schreibers ist doch der höchste aller Berufe, es gibt nicht seinesgleichen auf Erden.

Kaum ist der Schreibschüler etwas gewachsen, da grüßt man ihn schon, auch wenn er noch ein Kind ist. Er führt wichtige Aufträge aus, und noch bevor er aus der Schule entlassen wird, kleidet er sich schon in einen (Erwachsenen-) Schurz.

Niemals habe ich dagegen einen Bildhauer bei einer amtlichen Sendung gesehen, auch keinen Goldschmied, der dazu ausgeschickt worden wäre. Jedoch habe ich die Metallarbeiter beobachtet an der Öffnung ihres Schmelzofens; ihre Finger sind wie Krokodilsklauen, und sie stinken stärker als Fischlaich.

Jeder Schreiner, der mit der Dechsel arbeitet, wird davon müder als ein Bauer bei der Feldarbeit. Sein Acker ist sein Holz, seine Hacke ist die Axt. Er hat auch dann noch keinen Feierabend, wenn er schon weit über seine Kräfte geschaffen hat; noch in der Nacht muss er bei Licht arbeiten.

Sehr elend ist auch der Zimmermann dran, wenn er ein Dach für einen großen Raum von zehn zu sechs Ellen herstellen muss. Es vergeht ein Monat, bis er die Dachbalken verlegt, die Matten darüber ausgebreitet und alle andere Arbeit getan hat. Seinen Lohn aber schickt er seiner Familie – doch ist keiner da, der aufpasst, dass ihn seine Kinder auch bekommen und er nicht gestohlen wird.

Der Juwelier muss für seine Perlen in allerlei harte Edelsteine bohren.

Töpfer **QD HNW** *(Grab des* Ti, Saqqara)

Wenn er ein Schmuckstück vollendet hat, dann sind seine Kräfte geschwunden und er ist erschöpft. Wenn er sich dann zum Abendessen erheben will, kann er die Knie kaum bewegen; seine Beine sind krumm geworden.

Der Barbier rasiert bis zum späten Abend. Er begibt sich in die Stadt und setzt sich dort in eine Ecke. Zur Mittagszeit geht er dann durch die Straßen, um jemanden zu suchen, den er rasieren kann. Er muss sich sehr anstrengen, um seinen Bauch füllen zu können, wie eine Biene, die nur so viel essen kann, wie sie selbst sammelt.

Der Schilfrohrschneider fährt in die Deltasümpfe, um sich Pfeilschäfte zu holen. Er arbeitet bis zur Erschöpfung; dabei haben ihn Mücken gestochen, und die Sandflöhe haben ihn fast umgebracht – er ist völlig erledigt.

Auch der Pfeilmacher ist sehr elend dran, da er in die Wüste hinausgehen muss. Er bezahlt mehr für seine Eselin, als ihre Leistung nachher einbringt. Viel schenkt er auch den Leuten auf dem Feld, die ihm den rechten Weg zeigen. Wenn er abends nach Hause kommt, dann hat ihn der lange Marsch, den er zurückgelegt hat, fast zerbrochen.

Der Töpfer ist ständig unter der Erde, obwohl er noch lebendig ist. Er wühlt sich in den Lehmboden wie ein Schwein, um seine Töpfe brennen zu können. Seine Kleidung ist steif von Dung, sein Schurz nur ein Fetzen. Die heiße Luft, die aus dem Ofen kommt, bläst ihm ins Gesicht. Er hat einen Stampfer an seine Füße gebunden, der Stößel daran ist er selbst. Er durchwühlt den Hof von jedem Haus und zerstört dadurch viele Plätze.

Ich will dir auch vom Maurer erzählen. Seine Nieren sind krank, da er stets dem Wind ausgesetzt ist. Er arbeitet fast unbekleidet, statt eines Schurzes trägt er nur einen Strick und eine Schnur. Seine Kräfte sind erlahmt, er ist steif, weil er so viel Dreck kneten muss. Er isst sein Brot mit den Fingern, obwohl er sie nur einmal täglich waschen kann.

Der Bauer klagt mehr als ein Perlhuhn und seine Stimme ist lauter als die eines Raben. Seine Finger sind blutig und stinken übermäßig, und er trägt nur Lumpen. Ihm geht es so, wie es einem unter Löwen geht, wenn er mit der Nilpferdpeitsche geschlagen

Maurer **QDW** *(Grab des* Rech-mi-re, Theben*)*

86

wird. Kommt er dann endlich am Abend nach Hause, dann hat ihn die Abgabepflicht zerbrochen, denn die ihm auferlegte Arbeit ist verdreifacht worden.

Der Gärtner trägt das Tragjoch; seine Schultern sind wie vom Alter gekrümmt, auf seinem Nacken ist ein großes, eiterndes Geschwür. Morgens gießt er Gemüse, abends ist er bei den Kräutern, den Mittag über hat er im Obstgarten gearbeitet. In der Nacht sinkt er dann wie tot darnieder.

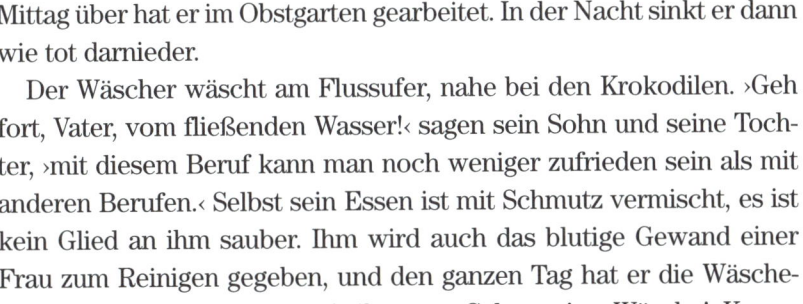

Bauer **SChTI** *(Grab des* Nacht, Theben*)*

Der Wäscher wäscht am Flussufer, nahe bei den Krokodilen. ›Geh fort, Vater, vom fließenden Wasser!‹ sagen sein Sohn und seine Tochter, ›mit diesem Beruf kann man noch weniger zufrieden sein als mit anderen Berufen.‹ Selbst sein Essen ist mit Schmutz vermischt, es ist kein Glied an ihm sauber. Ihm wird auch das blutige Gewand einer Frau zum Reinigen gegeben, und den ganzen Tag hat er die Wäschekeule in der Hand. Man ruft ihm zu: ›Schmutzige Wäsche! Komm schnell her! Sie quillt schon über den Bottichrand!‹

Der Eilbote macht sich auf in die Wüste, nachdem er vorher sein Hab und Gut seinen Kindern überschrieben hat; aus Furcht vor den Löwen und den asiatischen Beduinen kann er erst dann aufatmen, wenn er wieder zu Hause in Ägypten ist. Ob seine Behausung ein Zelt ist oder aus Ziegeln besteht – er kehrt nicht mit frohem Herzen zurück.

Der Vogelfänger ist ebenfalls sehr arm dran, da er immer nach den Vögeln Ausschau halten muss. Wenn dann die Sumpfvögel an ihm vorüberziehen (und er ist nicht vorbereitet), dann kann er nur rufen: ›Ach hätte ich doch das Fangnetz da!‹ Aber der Gott lässt es ihm nicht gelingen, und so ärgert er sich über sein Schicksal.

Ich erzähle dir auch noch vom Fischer – er ist sogar noch schlechter dran als alle anderen Handwerker. Seine Arbeit findet auf dem Nil statt, in dem es von Krokodilen nur so wimmelt. Wenn die Zeit kommt, in der er seine Abrechnung machen muss, dann wird er klagen, denn

Gärtner **KANW** *(Grab des* Ni-anch-chnum *und* Chnum-hetep, Saqqara*)*

87

*Schuster **GS** (Grab des Rech-mi-re, Theben)*

da er nicht wusste, wo das Krokodil lauert, hat die Angst ihn blind gemacht. Wenn er hinausfährt aufs Wasser, dann sagt er nur: ›Alles geschehe, wie Gott es will.‹

Auch dem Schuster, dem geht es sehr schlecht inmitten seiner Ölbottiche, in denen er das Leder gerbt. Ihm ist so wohl, wie einem unter Leichen wohl sein kann. Was er beißt, ist Leder.

Der Weber ist in der Werkstube. Ihm geht es noch übler als einer hochschwangeren Frau, denn seine Knie drücken auf seinen Magen, und er bekommt keine Luft. Um noch bei Tageslicht nach Hause gehen zu können, muss er den Türhüter mit Lebensmitteln bestechen. Und wenn er einmal einen Tag vertrödelt, ohne zu weben, dann bekommt er gleich 50 Schläge mit der Lederpeitsche.

Merke dir: es gibt keinen Beruf, bei dem man keinen Vorgesetzten hat, außer dem des Schreibers – der ist nämlich selbst der Vorgesetzte. Wenn du schreiben kannst, so wird das besser für dich sein, als wenn du irgendeinen anderen Beruf ergreifst, den ich dir beschrieben habe. Schon ein einziger Tag in der Schule ist dir nützlich, und was du dort lernst, ist dauerhaft wie ein Gebirge.

Ich will dir auch noch andere Ratschläge erteilen, damit du klug wirst: Wenn du an einen Ort kommst, an dem man streitet, dann geh nicht zu denen hin, die sich zanken. Wenn ein Wütender einen Ziegelstein als Waffe nimmt und du ihn durchaus nicht abwehren kannst, dann ruf die Zuhörer als Zeugen auf und reize ihn nicht.

Beim Grüßen sollst du aufstehen, und beim Gehen deine Füße beeilen! Wenn du aber hinter hohen Beamten hergehst, dann tritt nur in Distanz hinter dem letzten heran. Wenn du in das Haus eines hohen Beamten eintrittst und er ist zu Hause, aber noch mit etwas anderem beschäftigt, dann setz dich hin mit der Hand auf dem Mund (also schweigend). Erbitte nichts in seiner Gegenwart, tu nur, was man dir sagt; und hüte dich, zum Tisch zu drängeln. Wenn du (bei einer Mahlzeit) schon drei Brote gegessen und zwei Krüge Bier getrunken hast und dein Leib noch immer nicht

*Weber **SChTI** (Grab des Dschehuti-nefer, Theben)*

zufrieden ist, dann kämpfe dagegen an. Wenn ein anderer auch noch weiter isst, dann stell dich nicht dazu – nochmals: drängele keinesfalls an den Tisch!

Sei ruhig und würdevoll. Sprich keine Worte aus, die zu verschweigen sich ziemt. Wer sich zurückhält, der macht sich einen Schutzschild. Sprich nichts Unbedachtes, wenn du mit einem Böswilligen zusammensitzt. Sei nicht vertrauensselig, geselle dich zu einem, der bedeutender ist als du. Aber wähle deinen Freund unter deinen Altersgenossen.

Fischer **WHA** *(Grab des Ti, Saqqara)*

Wenn ein hoher Beamter dich mit einer Botschaft schickt, dann richte sie so aus, wie er sie gesagt hat. Lasse nichts fort und füge nichts hinzu. Wer vorschnell ist oder vergesslich, der wird nicht erfolgreich sein. Wer aber all seine Wesenszüge vervollkommnet hat, der wird auf alle möglichen Posten befördert. Es ist gut, wenn du viel ausgeschickt wirst, denn dann hörst du, wie die Beamten sprechen. Du sollst das Benehmen von Kindern aus guter Familie annehmen, indem du in ihre Fußstapfen trittst. Ein Schreiber gilt als einer, der hören kann, denn aus dem Hören folgt Wissen.

Sprich niemals Lügen gegen deine Familie aus, denn das ist den Beamten ein Gräuel. Der Sohn aber, der sich als nützlich und loyal erweist, dessen Position ist gesichert. Und gib dich auch nicht mit einem Lügner ab; denn es geht übel für dich aus, wenn man das erfährt.

Siehe, ich habe dich auf den Weg Gottes gesetzt; das Schicksal eines Beamten begleitet ihn ja schon seit dem Tage seiner Geburt. Wenn die Geburtsgöttin jemanden zum Schreiber bestimmt hat, dann wird sie ihn auch noch bis an die Spitze des Rates bringen. Keiner der Beamten muss je der Nahrung entbehren und der Besitztümer des Staates. Danke Gott für deinen Vater und deine Mutter, die dich auf diesen Lebensweg gesetzt und dir dies vor Augen geführt haben.« (Nach Hellmut Brunner, Altägyptische Weisheit.)

Statuette eines Schreibers. Die Schreibbinse in seiner rechten Hand ist nicht erhalten; mit der linken Hand fixiert er das zusammengerollte linke Ende der Papyrusrolle auf seinem Knie. Das rechte Ende der Rolle hängt lose über sein rechtes Bein nach unten (Ägyptisches Museum, Berlin).

Beugung der Hauptwörter

In der altägyptischen Schrift gibt es nur wenige Möglichkeiten, die Beugung (Deklination) von Substantiven auszudrücken. Da keine Vokale geschrieben werden, ändert sich am Stamm des deklinierten Wortes selbst überhaupt nichts. Stattdessen können vor das Wort kleine kurze Partikel gesetzt werden. Meist lässt sich der Fall, in dem ein Wort steht und zu übersetzen ist, jedoch nur anhand der Wortstellung ermitteln.

Am wichtigsten ist es, den zweiten Fall des Deklinationssystems, den Genitiv, erkennen zu können. Es existieren zwei Möglichkeiten, ihn zu bilden:

– Zum einen können einfach zwei Substantive direkt nebeneinander gesetzt werden. Für die Praxis muss man sich nur merken, dass zwei aufeinanderfolgende Wörter wie »Haus« und »Bauer« in einem Genitivverhältnis stehen und als »das Haus des Bauern« zu übersetzen sind. Dieser »direkte« Genitiv findet sich sehr häufig bei Titeln von Beamten oder Priestern. Schon allein der Ausdruck »Priester«, ägyptisch *HM-NTschR*, besteht aus einer Genitivbildung; in wörtlicher Übersetzung lautet er nämlich »Diener Gottes«.

– Zum andern kann das Wort ᨆᨆ *N* = »des« zwischen die beiden Substantive eingefügt werden. Dieses Wort tritt – wie ein Eigenschaftswort – stets in derselben Form wie sein Bezugswort auf. Es kann also mit der *T*-Endung der weiblichen Wörter versehen sein (*N.T*) oder auch im Plural stehen (*NW* bzw. *NW.T*).

Im *Alten* und *Mittleren Reich* waren beide Formen austauschbar; es lässt sich keinerlei Regel für den Gebrauch des direkten oder des indirekten Genitivs erkennen. Im Lauf der Zeit wurde der indirekte Genitiv allerdings immer häufiger, der direkte Genitiv dagegen immer seltener benutzt.

Singular		Plural	
(des) **N**	ᨆᨆ	(der) **NW**	⟨glyph⟩
(der) **N.T**	ᨆᨆ ⟨glyph⟩	(der) **NW.T**	ᨆᨆ ⟨glyph⟩

Einige Beispiele:

der Schreiber des Gottes	*SSch N NTschR*	
das Rind des Bauern	*IH SChTI*	
die Häuser des Herrn	*PRW NW NB*	
die Dienerin des Königs	*HM.T NSWT*	
die Gattin des Schreibers	*HM.T N.T SSch*	
der Priester des Amun	*HM-NTschR N IMN*	

Auch der Dativ kann mit dem kurzen Wort ⌇⌇⌇ *N* eingeleitet werden, das dann in manchen Fällen als »für« zu übersetzen ist. In vielen Fällen ist er jedoch, so wie der Akkusativ generell, nur aus dem Satzzusammenhang zu erkennen.

Übung 10

Wie werden folgende Ausdrücke mit und ohne Verwendung des Wortes »des« übersetzt? (Auflösung siehe S. 124 f.)

das Haus des Bauern	die Söhne des Königs	die Herrin des Hauses
der Freund des Schreibers	die Dienerinnen des Herrschers	der Herr des Himmels
der Tempel des Amun	die Töchter des Dieners	die Mutter des Herrschers
die Priester des Tempels	der Bruder der Herrscherin	die Salbgefäße der Herrin

Tätigkeitswörter

Wie schon erwähnt, existieren in der altägyptischen Sprache keine Hilfsverben wie z.B. »sein« (siehe S. 79 f.); sie müssen bei Übersetzungen von Sätzen wie *INK M PR* »Ich (bin) im Haus.« ergänzt werden. Für Sätze, in denen ein Vollverb vorkommt, ist die Kenntnis der Suffixpronomen (siehe S. 81 f.) besonders wichtig. Hängt man sie an das Ende eines solchen Tätigkeitswortes an, so wird dieses dadurch konjugiert: »Ich gehe ins Haus.« heißt auf Ägyptisch *SchM-I M PR*, »Du gehst ins Haus.« heißt *SchM-K M PR* usw.

In der folgenden Tabelle sind einige Verben zusammengestellt; manche von ihnen haben eine Endung *I*, die zwar fast nie ausgeschrieben wird, in der Lautschrift aber angegeben werden sollte:

gehen	*SchM*		hören	*SDschM*	
heraus-kommen	*PRI*		schreien, Schrei ausstoßen	*WDI*	
sagen	*DschD*		finden	*GMI*	
sehen	*MAA*		fliehen	*BHA*	
heraus-fordern	*MTschA*		machen, tun	*IRI*	
geben, setzen, stellen	*RDschI*		sich nähern	*ChAM*	
rufen	*ASch*		schenken	*HNK*	
kommen	*JI*		tanzen	*ChBI*	

Ein paar zusätzliche Beispiele für die Bildung solcher Formen:

ich gehe **SchM-I**		er schweigt **GR-F**	
du sagst (Mann) **DschD-K**		ihr schreit **WDI-TschN**	
du sagst (Frau) **DschD-Tsch**		sie fliehen **BHA-SN**	
ihr findet **GMI-TschN**		ich sehe **MAA-I**	
sie macht **IRI-S**		du gibst (Frau) **RDschI-Tsch**	
er kommt heraus **PRI-F**		du gibst (Mann) **RDschI-K**	
sie fordern heraus **MTschA-SN**		wir sehen **MAA-N**	
wir hören **SDschM-N**		sie nähert sich **ChAM-S**	

Anmerkung: Zeiten wie Zukunft und Vergangenheit lassen sich an der geschriebenen Wortform häufig nicht erkennen, sondern – wie die Deklination – oft nur aus dem Zusammenhang erahnen. Eine der wichtigeren Ausnahmen ist die Form, in der ein *N* zwischen Verb und Suffixpronomen eingeschoben wird. Diese Form wurde hauptsächlich verwendet, um in der Vergangenheit erfolgte Handlungen zu beschreiben. Beispiel: *SDschM.N-F* »er hörte« oder *SchM.N-SN* »sie gingen«.

Der Imperativ (Befehlsform) der Verben hat im Singular ebenfalls kein besonderes Kennzeichen; nur im Plural werden oft die drei Striche der Pluralendung an das Verb angehängt. Ein kleines Beispiel: »Höre!« heißt einfach *SDschM*, der Plural »Hört!« lautet *SDschMW*.

Der Infinitiv (die Grund- oder Nennform des Verbs) ist in vielen Fällen leider ebenfalls nicht gekennzeichnet. Bei bestimmten Verben kann er jedoch durch die Endung *T* angezeigt werden, wie z. B. bei *IRI* »machen«; hier lautet der Infinitiv *IRIT*, übersetzt »das Machen«. Die Ägypter verwendeten ihn vor allem in Beischriften zu Grab- und Tempeldarstellungen häufig, um Handlungen auszudrücken. Die handelnde Person wurde in diesem Fall durch das Wort *IN* »seitens, durch« eingeleitet, wie z. B. in »das Durchführen des Opfers durch den Priester« oder »das Kommen seitens des Königs«.

Übung 11

In der folgenden Übung sollen zunächst einige konjugierte Verben mit kleinen Zusätzen übersetzt werden. Anschließend folgen ein paar – teilweise auch längere – Ausdrücke, bei denen es sich um Glück- und Segenswünsche handelt, die bei Festen dem Gastgeber übermittelt wurden, oder auch um Aufforderungen vonseiten des Gastgebers, das Fest zu genießen. Mit kleinen Abwandlungen könnte man sie auch heute noch verwenden. (Auflösung siehe S. 125 ff.)

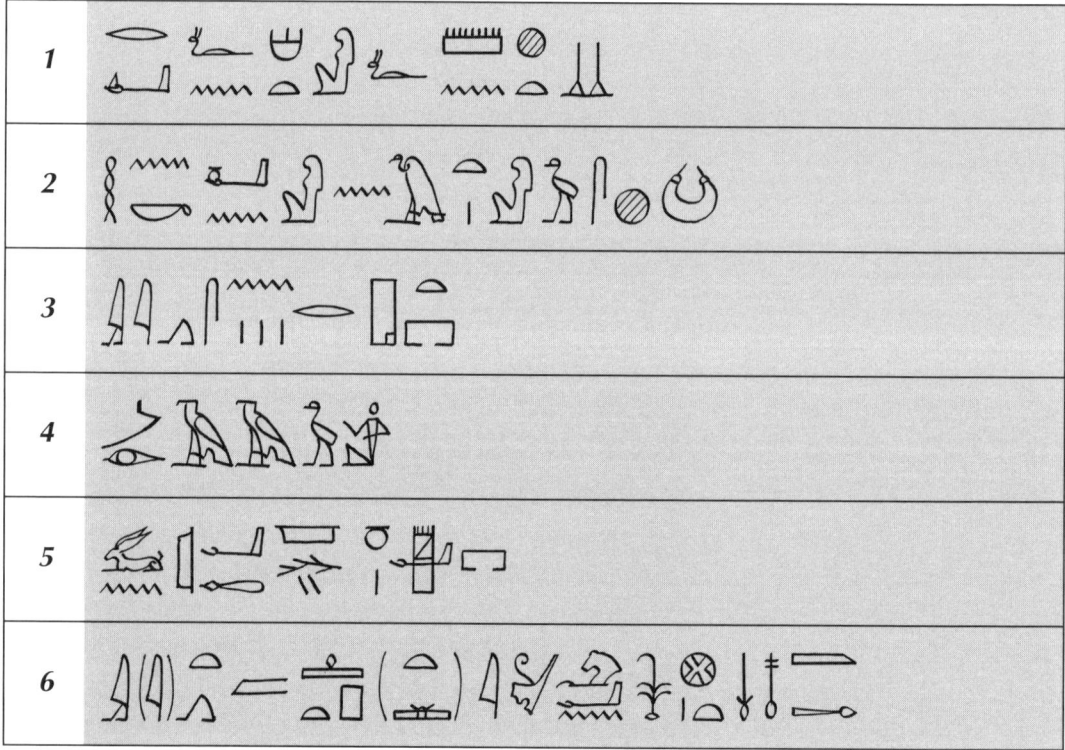

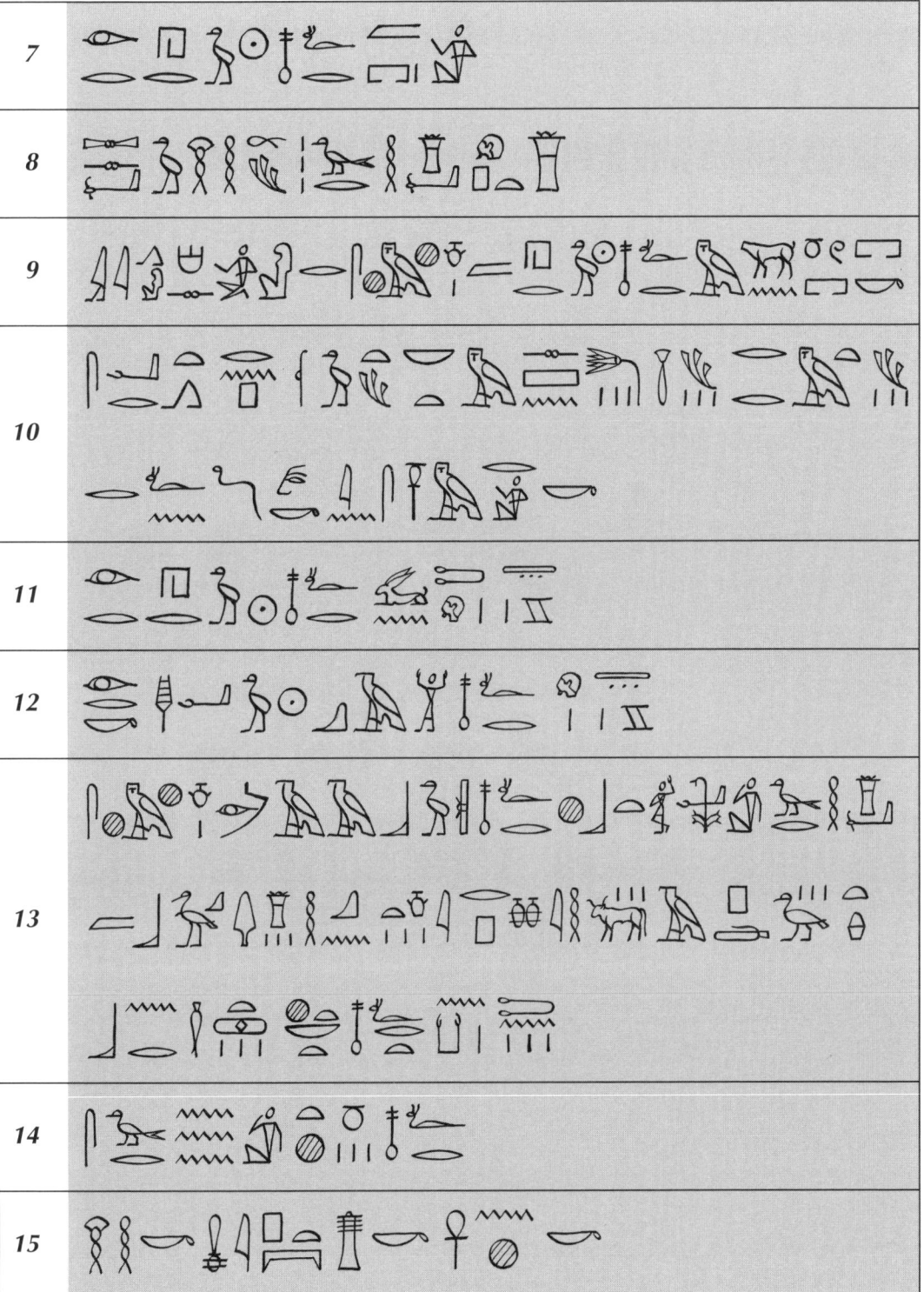

FESTE IM ALTEN ÄGYPTEN

Wichtige Ereignisse im Leben aller Ägypter waren die zahlreichen Feste, die zu verschiedenen Gelegenheiten gefeiert wurden, Feste zu Ehren der Götter, des Königs oder auch zu Ehren der Verstorbenen. Private und persönliche Ereignisse wie den eigenen Geburtstag scheint man dagegen – nach den erhaltenen Zeugnissen zu urteilen – nur selten festlich begangen zu haben. Die Dauer der bekannten Feste war sehr unterschiedlich. Manche währten nur einen oder zwei Tage, wie z. B. das *Wag-Fest*, das Fest des *Toth* oder das des *Sokar*, andere hingegen mehrere Tage oder gar drei Wochen, wie das *Opet-Fest*, bei dem der Gott *Amun-Re* von *Karnak* bzw. sein Kultbild den Tempel von *Luxor* besuchte. Zu den im *Neuen Reich* für die Bevölkerung *The-*

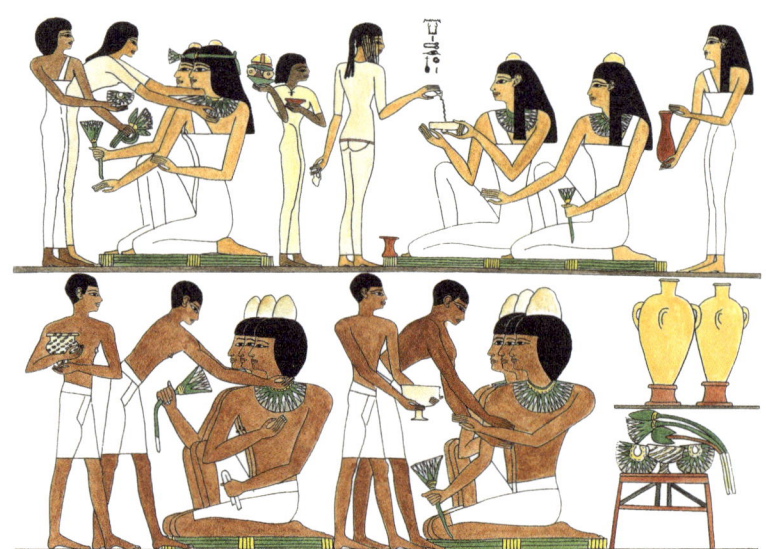

Dienerinnen über-reichen zwei Frauen Blütenkränze und Blumensträuße, rechts gießt eine weitere Dienerin etwas Würze in die Schale einer anderen Frau. Ein Mädchen trägt eine Schale mit Broten und anderen Speisen. Unten versorgen vier junge Diener eine Gruppe von männlichen Gästen mit duftenden Salbölen (Grab des Rech-mi-re, Theben).

bens wichtigsten Feierlichkeiten gehörte zweifellos das »schöne Fest des Wüstentals«. Darstellungen davon finden sich in sehr vielen Gräbern der 18. Dynastie; sein Ablauf ist daher gut bekannt. Das üppige Gastmahl, das seinen Ausklang bildete, wird wohl ein wichtiger Bestandteil auch der meisten anderen Feste gewesen sein. Seine Darstellung nimmt innerhalb der Gräber einen breiten Raum ein.

Anlass des »Talfestes« war der Besuch des Gottes *Amun-Re* in der Gräberstadt von *Theben*. Er verließ am Morgen dieses Tages – begleitet von seiner Gattin *Mut* und beider Sohn *Chons* – den Tempel von *Karnak* und zog in seiner prächtigen Barke über den Nil. Dort stattete er den *Totentempeln* der Könige einen Besuch ab und verbrachte in einem von ihnen sogar die Nacht. Auf symbolischer Ebene vollzog der Gott damit nicht nur eine Nilfahrt von Ost nach West, sondern auch vom Diesseits zum Jenseits – real von der Stadt *Theben* in das auf dem Westufer liegende *Nekropolen*gebiet. So wie die Sonne am Ende des Tages am westlichen Horizont versinkt, so tauchte er hier in die Unterwelt hinab, um den dort anwesenden Verstorbenen Licht und Leben zu bringen. Zahlreiche Priester, Würdenträger und Handwerker, aber auch die einfache Bevölkerung gaben ihm Geleit bis zur letzten Station. Anschließend suchten sie die Gräber ihrer Verwandten auf, um dort ein Festessen abzuhalten. Auch sie übertraten während der Prozession symbolisch die Grenze zum Jenseits – sie gesellten sich zu ihren verstorbenen Vorfahren. Durch den großzügigen Genuss von Wein oder Bier während des Mahls wollten sie den Gegensatz zwischen beiden Welten verwischen, sollten Lebende und Tote für einen kurzen Augenblick wieder vereint werden.

Die Szenen des Festes gehören zu den lebhaftesten und abwechslungsreichsten der gesamten ägyptischen Kunst. Das liegt unter anderem daran, dass die Bilder häufig nur in Malerei ausgeführt sind – im bröckeligen Kalkstein des thebanischen Westgebirges ließen sich Reliefs nicht verwirklichen.

Wie die Beischriften zu den Bildern zeigen, lud man nach Möglichkeit auch Freunde und Arbeitskollegen zur Teilnahme ein. So befanden sich unter den Gästen im Grab des Wesirs *Ramose* auch der »Vorsteher des Pferdestalls des Herrn der beiden Länder (also des Königs) *Mai*« sowie der königliche Architekt und Festleiter *Amenophis*, Sohn des *Hapu*. Im Zentrum aber standen der Grabinhaber und seine Frau, die stets größer als alle anderen Personen dargestellt waren. Sie saßen an einem reich beladenen Speisetisch und empfingen Gaben, unter denen die kunstvoll gebundenen, so genannten Stabsträuße aus Papyrusstängeln, Lotosblüten und anderen, oft nicht identifizierbaren Blumen besonders auffallen. Mit ihrem Überreichen verbunden waren Segenswünsche sowohl für das diesseitige als auch für das spätere, jenseitige Leben. Wie alle Anwesenden waren sie in fein plissierte, weiße und durchsichtige Gewänder gehüllt.

Der Grabherr und seine Frau erhalten Blumensträuße aus Papyrus und Lotosblüten (Grab des Neb-amun und des Ipuki, Theben).

Ein kleines Ensemble aus drei Musikern spielt für die Gastgesellschaft. Vorn sitzt eine Harfenspielerin am Boden; hinter ihr steht ein männlicher Lautenspieler, ganz rechts folgt eine Frau mit Doppeloboe (Grab des Imen-em-hat, *Theben).*

Ihren Kopf bedeckte eine ausladende, gelockte Perücke, üppige Armbänder und Ketten schmückten Arme und Schultern. Duftende Essenzen – dargestellt als Salbkegel auf dem Kopf – sowie Blütenkränze sollten während des gesamten Abends Wohlgeruch verströmen. Die ebenso prunkvoll gekleideten Gäste saßen auf Matten am Boden oder – wie etwas später in der 18. Dynastie – auf mit Kissen gepolsterten Hockern. Für ihr Wohlbefinden sorgten junge Diener und Dienerinnen, die ihnen Kränze umlegten, ihnen duftende Blüten reichten oder Speisen und Getränke anboten. Immer wieder sind in den Beischriften Aufforderungen zu lesen, sich gut zu unterhalten: »Feiere einen schönen Tag!« oder »Genieße den Tag, solange du noch lebst!«

Zur Unterhaltung der Gäste traten auch Tänzerinnen auf, stets begleitet von einem kleinen Musikensemble. Die dabei dargestellten Instrumente waren recht vielseitig – es gab Zupfinstrumente wie Harfen in verschiedensten Größen, Leiern und Lauten mit relativ kleinem Körper und langem Hals, eine Vielzahl von Blasinstrumenten wie Flöten, Oboen, Klarinetten und Trompeten, sowie Trommeln, Tamburine, Klappern und Glocken. Über den Klang altägyptischer Musik lässt sich jedoch kaum eine Aussage treffen, da keinerlei Noten bekannt sind.

Aus den Beischriften solcher Szenen geht hervor, dass die Musik – vor allem das Harfenspiel – häufig von Gesang untermalt war. So lautet das Lied eines Harfners aus dem Grab des *Rech-mi-re*: »Wie schön sind die Jahre, von denen Gott befahl, dass du sie lebst! Du verbringst sie, indem du Lob genießt, indem du gesund und heiter bist. Du wirst weiter existieren, dein Zeugnis wird wahr sein und dein Feind gefällt in deinem Haus, welches die Ewigkeit genießt und die Zukunft umfängt.« In einem anderen Text wird die Schönheit des irdischen Lebens besonders hervorgehoben: »Gut ist es, deinem Herzen zu folgen, solange du lebst. Tu Myrrhen auf dein Haupt, kleide dich in weißes Leinen, salbe dich mit echtem Öl, vermehre deine Schönheit und lass dein Herz dessen nicht müde werden!«

Diese letzte Übung ist wirklich etwas knifflig. Es sollen insgesamt 17 Sätze aus der Lebensgeschichte eines Mannes namens *Sinuhe* übersetzt werden.

Die *Sinuhe*-Erzählung war im alten Ägypten sehr beliebt. Sie wurde etwa um 2000 v. Chr. geschrieben und stellte noch 1000 Jahre später einen wichtigen Text für den Schulunterricht dar. Sie handelt vom Leben des königlichen Haremsbeamten *Sinuhe*, der auch beim Militär diente und während der Rückkehr von einem Feldzug gegen Libyen erfuhr, dass sein Herr, der Pharao *Sehetep-ib-re Amenemhet I.*, gestorben war – wahrscheinlich war er im Harem einem Mordanschlag zum Opfer gefallen. *Sinuhe* fürchtete, als Bediensteter des Harems mit diesem Verbrechen in Verbindung gebracht zu werden und floh ins Ausland, nach *Retschenu*. Bei dem dort regierenden Fürsten Ammunenschi hatte er großen Erfolg – nach mehreren in *Retschenu* verbrachten Jahren sollte er sogar zu dessen Nachfolger ernannt werden. Doch daraus wurde nichts – denn *Sinuhe* erhielt einen langen Brief aus Ägypten, verfasst von dem nun dort regierenden Pharao *Cheper-ka-re Sesostris I.* Er bot *Sinuhe* die Rückkehr in die Heimat an, um bei seinem Tod nach der gebräuchlichen Sitte bestattet werden zu können. Obwohl *Sinuhe* noch immer eine Bestrafung fürchtete, kehrte er gehorsam nach Ägypten zurück. Die Königin und ihre Kinder, denen er als Haremsbeamter gut bekannt war, legten ein gutes Wort für ihn ein, und so wurde er unter großen Ehren wieder in den königlichen Hofstaat aufgenommen.

Sämtliche bisher noch nicht behandelte Zeichen und Wörter, die in den folgenden Sätzen vorkommen, können in der Zeichenliste und im Wörterverzeichnis im Anhang nachgeschlagen werden. Die Auflösung, also die erläuternde Übersetzung der Sätze, findet sich hinten auf S. 132 ff. Viel Vergnügen beim Lesen!

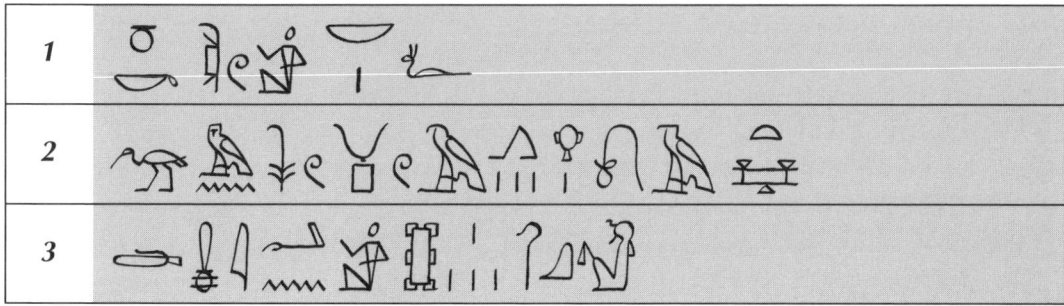

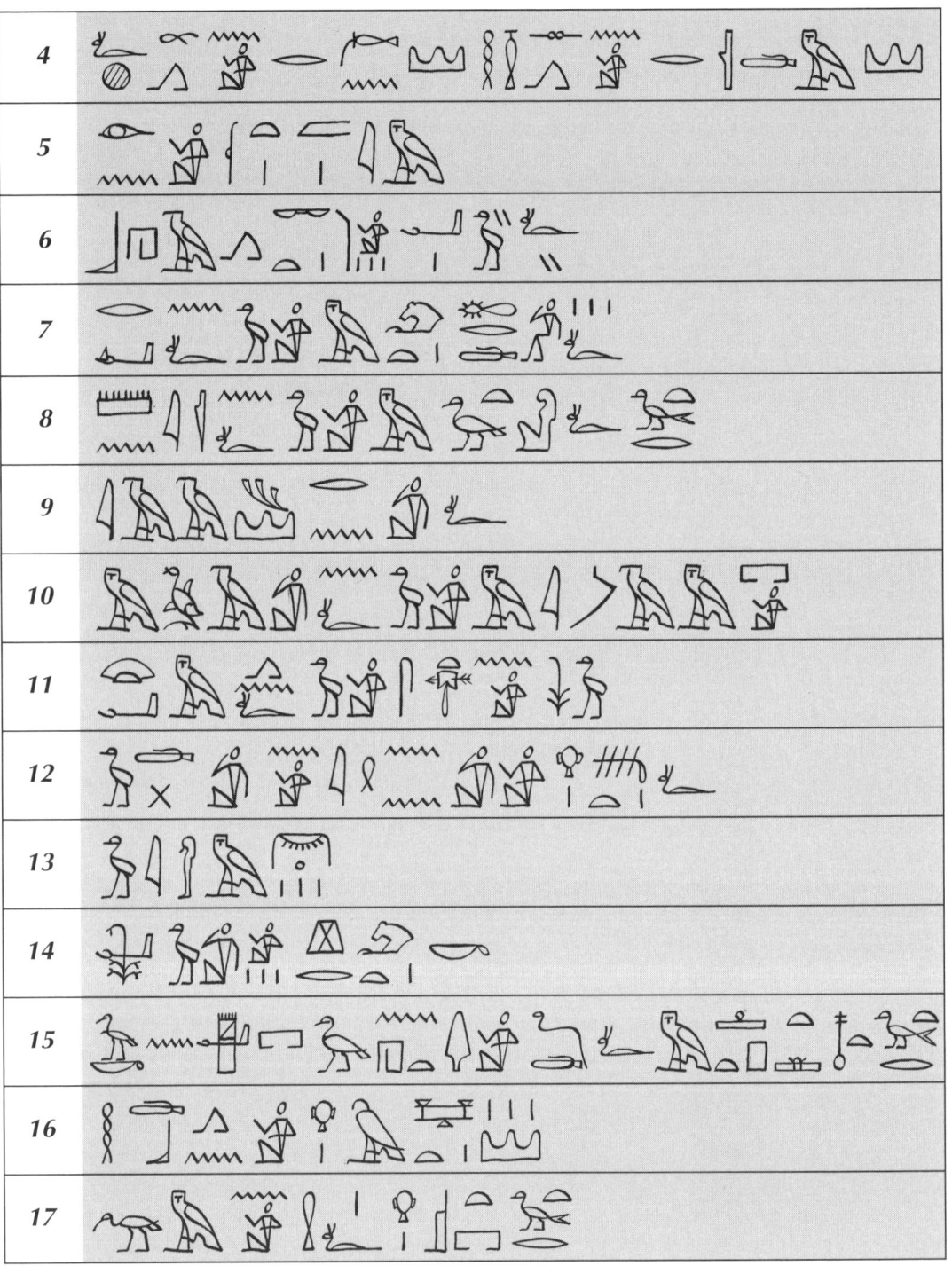

Auf den folgenden Seiten findet sich eine Zusammenfassung dieser prominenten altägyptischen Biografie.

DIE GESCHICHTE DES *SINUHE*

Der Fürst, Siegelbewahrer des Königs, Richter, Verwalter der Güter des Herrschers in den Ländern der Beduinen, der Hofbeamte und Gefolgsmann *Sinuhe*, er spricht:

»Ich war ein Gefolgsmann seiner Majestät des Königs, ein Diener des Harems des Königs und der hohen Fürstin, der Gemahlin des *(Cheper-ka-re) Sesostris (I.)* und Tochter des Königs *(Sehetep-ib-re) Amenemhet* (I.), namens *Nofru*. Im Regierungsjahr 30, am 7. Tag im 3. Monat der Überschwemmungsjahreszeit, stieg der Gott zum Horizont empor, der König *Amenemhet* entfernte sich zum Himmel und vereinte sich mit der Sonne. Die Residenz verstummte, die Herzen trauerten, die beiden großen Portale des Palastes waren geschlossen, der Hofstaat und das Volk klagten.

Seine Majestät hatte aber unter dem Kommando seines ältesten Sohnes, des guten Gottes *Sesostris*, eine Truppe nach Libyen ausgesandt. Er sollte die Fremdländer schlagen und die Libyer bestrafen. Nun war er auf dem Rückweg, nachdem er bei den Libyern Gefangene und zahllose Viehherden erbeutet hatte.

Die Palastbeamten hatten eine Botschaft nach Westen gesandt, um den Königssohn über die Lage zu unterrichten, die am Hof entstanden war. Die Boten fanden ihn auf dem Weg, sie erreichten ihn um die Abendzeit.

Er *(Sesostris)* zögerte keinen Augenblick und machte sich mit seinem Gefolge schnell wie ein Falke auf den Weg, ohne sein Heer zu unterrichten. Auch die anderen Königssöhne, die unter seinem Kommando im Heer weilten, waren benachrichtigt worden. Einem von ih-

König Sehetep-ib-re Amenemhet I. *vor dem Gott* Anubis *(Metropolitan Museum of Art, New York).*

Eine ägyptische Festung wird angegriffen (Grab des Imenemhat, Beni Hasan).

nen rief man die Nachricht zu, als ich gerade in der Nähe war; so hörte ich sie ebenfalls.

Mein Herz schlug heftig, meine Arme fielen herab, ein Zittern überkam alle meine Glieder. Ich rannte in großen Sprüngen davon, um mir ein Versteck zu suchen und verbarg mich zwischen zwei Büschen vor den Leuten, die auf dem Weg gingen. Anschließend richtete ich meinen Weg nach Süden; allerdings nicht, um zur Residenz zu gelangen, denn ich nahm an, es würde einen Aufstand geben, und ich fürchtete, ihn nicht zu überleben.

Ich überquerte den *Maati*-Kanal in der Nähe des *Sykomoren*heiligtums (bei *Memphis*) und verbrachte den Tag in der Nähe in einer Feldhütte. Früh morgens, als es gerade Tag wurde, traf ich einen Mann am Wegrand; er grüßte mich ehrfürchtig, da er ebenfalls Furcht hatte. Zur Abendzeit erreichte ich den *Rinderort* und fuhr in einem Kahn ohne Ruder über den Nil. Ich ging auf der Ostseite des Steinbruchs bei der *Herrin des Roten Berges* weiter und wandte mich nach Norden. Bald erreichte ich die *Mauern des Herrschers*, die errichtet worden sind, um die Asiaten und Beduinen von Ägypten fern zu halten.

Ich ging hinter einem Strauch in Deckung, aus Furcht, dass der Wächter mich sehen könnte, der auf der Mauer seinen Dienst tat. Ich setzte meinen Weg in der Dunkelheit fort, bei Tagesanbruch erreichte ich *Peten*. Bei einer Insel des *Großen Bittersees* ruhte ich mich aus.

Nun überkam mich ein Durstanfall, meine Kehle war ausgedörrt, fast verschmachtete ich; ich glaubte, sterben zu müssen. Doch erhob sich mein Herz wieder und ich raffte meine Glieder zusammen, als ich das Brüllen einer Viehherde hörte – ich erblickte Asiaten. Ihr Anführer erkannte mich, da er in Ägypten gewesen war. Er gab mir Wasser und kochte Milch für mich. Ich ging mit ihm zu seinem Stamm. Vortrefflich war alles, was sie für mich taten.

Ein Land gab mich nun an das andere. Ich kam nach *Byblos* und wandte mich dort nach dem Ostland. Als ich eineinhalb Jahre dort verbracht hatte, holte mich *Ammunenschi*, der Herrscher des oberen *Retschenu*, zu sich und sprach: ›Du wirst es

Beduinen aus Vorderasien, die mit Handelswaren nach Ägypten kommen (Grab des Chnum-hetep II., Beni Hasan).

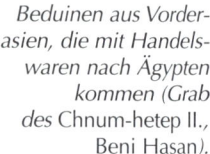

gut haben bei mir, und du wirst hier die Sprache Ägyptens hören.‹ Das sagte er, weil er meine Sinnesart kannte. Er hatte von mir und meinen Fertigkeiten gehört, bei ihm weilende Ägypter hatten ihm von mir erzählt. Er sprach weiter: ›Wie bist du hierher geraten? Ist etwas in der Residenz Ägyptens vorgefallen?‹

Ich antwortete: ›Der König *Sehetep-ib-re* ist zum Horizont gegangen, und man kann nicht wissen, was danach geschieht.‹ Ich erzählte weiter, nicht ganz wahrheitsgemäß: ›Als ich mit einem Heer aus dem Libyerland zurückkam, da brachte man die Meldung. Mein Herz wurde schwach, mein Geist war nicht mehr froh, er sandte mich auf die Flucht. Man redete zwar nichts Schlechtes über mich, ich wurde nicht angespien und hörte keine Lästerungen, mein Name wurde auch nicht aus dem Mund des Ausrufers gehört – ich weiß eigentlich nicht, was mich in dieses Land gebracht hat. Es ist wie eine Fügung Gottes, gegen die man sich nicht wehren kann.‹

Er fragte mich weiter: ›Wie befindet sich nun das Land Ägypten ohne ihn, den trefflichen Gott, vor dem Furcht durch alle Lande ging, wie vor der Göttin *Sachmet* im Jahr der Pestseuche?‹

Statuette des Königs Cheper-ka-re Sesostris I. aus Zedernholz (Ägyptisches Museum, Kairo).

Ich antwortete: ›Sein Sohn ist doch schon in den Palast eingeführt, er hat das Erbe seines Vaters angetreten. Auch er ist ja ein Gott ohne seinesgleichen, niemals kann es jemanden geben, der ihn übertrifft. Er verfügt über Weisheit, er ist trefflich im Planen und wirkungsvoll in seinen Befehlen.

Er war es, der die Fremdländer unterwarf, als sein Vater noch im Palast herrschte. Was dieser auch anordnete, er führte es aus. Er ist ein Held mit starkem Arm, ein unübertroffener Kämpfer. Er hat ein standhaftes Herz im Augenblick des Angriffs, er freut sich, wenn er gegen die Bogenvölker losstürmen kann. Er ist es, der den Mut kühlt und die Scheitel spaltet, niemand kann ihm standhalten. Er schreitet weit aus, um auch die Fliehenden zu vernichten; auch wer ihm den Rücken zukehrt, entgeht ihm nicht. Wenn er zu seinem Schild greift, dann hat er schon gesiegt. Niemand kann seinen Pfeil entfernen, niemand seinen Bogen spannen. Die Bogenvölker fliehen vor ihm wie vor der Macht der Uräusschlange. Er kämpft, ohne ein Ende zu kennen und ohne (auf Hilfe) zu warten.

Doch er ist auch liebenswürdig und von großer Huld. Seine Stadt liebt ihn mehr als sich selbst, sie jubelt ihm mehr zu als ihrem Gott. Männer und Frauen jauchzen ihm zu, da er König ist. Wie freut sich das Land, das er beherrscht! Er ist derjenige, der die Grenzen erweitert – er wird die südlichen Länder erobern, ohne noch an die nörd-

Verschiedene Waffen: Streitaxt, Dolche, Krummschwert, Schild, Köcher und Pfeile sowie ein Bogen.

lichen zu denken. Er wurde geschaffen, um die Feinde Ägyptens niederzutreten. Sende zu ihm und lass ihn deinen Namen wissen! Wahrlich, er wird einem Land nur Gutes tun, das ihm freundlich gesinnt ist.‹

Darauf sagte *Ammunenschi* zu mir: ›Nun ja, Ägypten geht es gut, da es seine Stärke und Macht kennt. Du aber sollst bei mir bleiben; ich werde dir nur Gutes tun.‹

Er setzte mich an die Spitze seiner Kinder, verheiratete mich mit seiner ältesten Tochter und ließ mich ein Stück seiner besten Ländereien auswählen. Es war ein schönes Land mit dem Namen *Jaa*. Es wuchsen dort Feigen und Weintrauben, und es besaß mehr Wein als Wasser. Auch lieferte es viel Honig und war mit zahllosen Ölbäumen bewachsen; auch allerlei andere Früchte reiften auf seinen Bäumen. Es gab Gerste und Emmer, und grenzenlos waren seine Viehherden. Zusätzlich versorgte man mich mit Brot und Wein, gekochtem Fleisch, gebratenen Vögeln und zubereitetem Wildbret sowie zahllosen Süßspeisen. *Ammunenschi* setzte mich als Herrscher über einen der besten Stämme seines Landes ein.

Grabstatue eines hohen Würdenträgers aus der Zeit um etwa 1850 v. Chr. (Metropolitan Museum of Art, New York).

Viele Jahre verbrachte ich dort. Meine Kinder waren erwachsen geworden, jedes gebot über seinen eigenen Stamm. Alle Leute, die hinauf- oder hinabzogen zur Residenz, ließ ich bei mir rasten, gab ihnen Wasser, wies den Verirrten den Weg und nahm mich der Beraubten an.

Der Fürst von *Retschenu* ließ mich als Befehlshaber seiner Truppen viele Aufträge für sich ausführen. Jedes Land, gegen das ich zog, bezwang ich durch meinen starken Arm und durch meinen Bogen. Der Fürst liebte mich, denn er kannte meine Tapferkeit. Er hatte mich an die Spitze seiner Kinder gesetzt, nachdem er die Kraft meiner Arme gesehen hatte.

Einmal kam ein Krieger aus dem anderen Teil von *Retschenu*, um mich herauszufordern in meinem Lager. Er war ein Draufgänger ohne Beispiel, der schon das ganze Land bezwungen hatte. Er wollte mit mir kämpfen, da er annahm, auch mich besiegen zu können, und er hatte die Absicht, all mein Vieh zu rauben nach dem Rat seines Stammes.

Der Fürst von *Retschenu* beriet sich mit mir und ich erklärte ihm: ›Siehe, ich kenne diesen Mann ja nicht. Habe etwa ich mir Zutritt zu seinem Lager verschafft? Es ist Eifersucht, die ihn herbrachte, weil er sieht, dass ich deine Aufträge ausführe. Wenn sein Sinn auf Kampf gerichtet ist, dann lass ihn nur kommen.‹

Nachts bespannte ich meinen Bogen, ordnete meine Pfeile, schärfte meinen Dolch und brachte meine übrigen Waffen in Ordnung. Als es tagte, war ganz *Retschenu* schon da, alle Stämme aus seinen beiden Teilen. Sie waren begierig auf den Kampf, jedes Herz brannte für mich, Frauen und Männer schrien durcheinander.

Nach kurzer Zeit lagen sein Schild, sein Kriegsbeil und sein Bündel Pfeile am Boden. Ich hatte ihn seine Waffen verschießen lassen, denn ich ließ seine Pfeile an mir vorbei fliegen, allesamt. Als er dann auf mich losstürmte, schoss ich auf ihn, und mein Pfeil blieb in seinem Hals stecken. Er brüllte auf, dann fiel er auf seine Nase. Ich erschlug ihn mit meinem Kriegsbeil.

Ich stieß einen Siegesschrei aus auf seinem Rücken, jeder Mann von *Retschenu* brüllte. Ich pries den Kriegsgott *Month*, seine Leute aber hielten ein Trauerfest für ihn ab. Dann holte ich mir seinen Besitz und nahm seine Herden an mich. So tat ich ihm an, was er mir hatte antun wollen. Ich nahm an mich, was in seinem Zelt war und plünderte sein Lager. Ich wurde groß davon und reich durch seine Schätze und seine Viehherden.

Vortrefflich war nun mein Haus und weit meine Wohnstätte – meine Gedanken weilten jedoch in der Heimat. So bat ich den Gott, der meine Flucht bestimmt hatte, gnädig zu sein und mich der Residenz (Ägyptens) zurückzugeben.

Es war aber der Majestät des Königs *Cheper-ka-re* Bericht erstattet worden über die Lage, in der ich mich befand. Nun sandte mir seine Majestät offizielle Geschenke, er erfreute mein Herz wie das des Herrschers irgendeines Fremdlandes. Die Königskinder, die im Palast waren, ließen mir ebenfalls eine Botschaft zukommen; ich sollte nach Ägypten zurückkehren.

Kopie des Briefes, der mir gesandt wurde: ›Königsbrief an den Gefolgsmann *Sinuhe*. Siehe, man bringt dir diesen Königsbrief folgenden Inhalts: Du hast die Fremdländer durchzogen, vom Ostland bis *Retschenu*, ein Land hat dich dem anderen weitergereicht auf den Rat deines Herzens. Was hast du denn getan, dass man gegen dich vorgehen sollte? Du hast ja nicht gelästert, sodass man

Beladenes Transportschiff auf dem Nil (Grab des Snofru-ini-ischet-ef, Dahschur).

deiner Rede entgegentreten musste. Der Gedanke, der von deinem Herzen Besitz ergriff, er hat nicht in meinem Herzen gegen dich vorgelegen. Deine Herrin, die Königin, steht fest zu dir bis heute.

Komm doch nach Ägypten, damit du die Heimat wieder siehst, in der du aufgewachsen bist, damit du dich unter die Hofbeamten mischst. Jetzt hast du ja begonnen, alt zu werden; deine Manneskraft ist geschwunden. Rufe dir nun den Begräbnistag in Erinnerung, an dem man dich zum Grabe geleiten wird. Hier wird man mit Salböl versorgt und mit Mumienbinden aus den Händen der Göttin *Tait*. Danach gibt man dem Toten das Geleit zum Grab, der Sarg ist vergoldet, sein Kopfende mit Lapislazuli verziert. Er ist auf eine Bahre gelegt, ein Baldachin ist über ihm, Rinder ziehen ihn, Chorsänger sind vor ihm, man tanzt den ›Tanz der Müden‹ neben seinem Grab. Man rezitiert die Opferliste für ihn und schlachtet neben seinem Opferstein. Die Pfeiler seines Grabes sind aus strahlend weißem Kalkstein errichtet, das Grab selbst liegt in der *Nekropole* der Königskinder.

Es soll nicht sein, dass du im Fremdland stirbst. Du sollst nicht von Asiaten bestattet werden und nicht nur in ein Widderfell gehüllt sein; auf deinem Grab soll nicht nur eine Steinmarkierung gemacht werden. Denn all das ist ja vergänglich! Sorge stattdessen für dein ewiges Fortleben und kehre zurück!‹

Dieser Brief gelangte zu mir, als ich inmitten meines Stammes stand. Als man ihn verlesen hatte, warf ich mich auf den Bauch. Ich lief jubelnd durch mein Lager und rief: ›Wie geschieht mir, den sein eigener Wille in fremde Länder getrieben hat! Wie groß ist die Herzensgüte Seiner Majestät, die mich vor dem ewigen Tod errettet und dafür sorgt, dass ich das Ende meines Lebens in der Heimat erlebe!‹

Begräbnisprozession mit Tänzerinnen, Schlachtopfer und von Priestern durchgeführten Riten sowie dem von Rindern gezogenen, auf einem Schlitten stehenden Sarg (nach einer Szene aus dem Grab des Intef-iqer, *Theben).*

Kopie der Empfangsanzeige des Briefes: ›Der Diener des Palastes *Sinuhe*, er spricht: In sehr schönem, vollkommenem Frieden! Du hast die Flucht zur Kenntnis genommen, die meine Wenigkeit unbewusst unternahm, du vollkommener Gott und Herr der beiden Länder, den *Re* liebt und *Month*, der Herr von *Theben*, begünstigt. *Amun*, der Herr von *Karnak*, *Sobek*, *Horus* und *Hathor*, *Atum* mit seiner Neunheit, *Sopdu* und alle Götter Ägyptens und der Inseln des Meeres – mögen sie Leben und Heil an deine Nase reichen, mögen sie dich mit ihren Gaben beglücken, mögen sie dir Zeit ohne Ende und ohne Frist schenken, möge man die Furcht vor dir in allen Berg- und Flachländern verkünden, möge dir der Erdkreis untertan sein – das ist die Bitte meiner Wenigkeit an meinen Herrn, der mich vor dem endgültigen Tode errettet.

Königstöchter mit aufwändigem Kopfschmuck und Sistren *in den Händen (Grab des Menna, Theben).*

Diese Flucht, die meine Wenigkeit unternommen hat – sie war nicht überlegt, sie entsprang nicht meinem Willen. Ich hatte gar nicht daran gedacht und merkte gar nicht, dass ich Ägypten verlassen hatte. Ich war nicht in Furcht geraten, niemand lief hinter mir her, ich vernahm auch keine Schmährede gegen mich. Doch mein Körper schauderte, meine Beine liefen davon, der Gott, der diese Flucht bestimmte, zog mich fort. Ich war nie hochmütig, denn Ehrfurcht hat ein Mann, der sein Land kennt. Ob ich in der Heimat bin, ob ich in der Fremde bin – du bist es, der den Horizont verhüllt! Die Sonne geht auf nur deinetwegen, das Wasser im Strom wird getrunken, weil du es so willst und die Luft im Himmel wird nur geatmet, weil du es sagst. Mögen die Götter *Re*, *Horus* und *Hathor* dich lieben, der du nach dem Wunsch des *Month*, des Herrn von *Theben*, ewig leben sollst!‹

Ich blieb noch einige Tage im Lande *Jaa*, um meinen Besitz an meine Kinder zu übergeben. Mein ältester Sohn befehligte nun meinen Stamm, mein ganzer Besitz kam in seine Hand, meine Untertanen, all mein Vieh, meine Früchte und meine Obstbäume. Dann reiste meine Wenigkeit nach Süden, um nach Ägypten zurückzukehren.

Ich machte Halt bei den Horuswegen, und der Befehlshaber, der die dortige Wachtruppe kommandierte, sandte Nachricht zur Residenz, um mein Kommen dem Herrn der beiden Länder, dem König *Cheper-ka-re*, anzukündigen.

Da ließ Seine Majestät einen Vorsteher der staatlichen Güter kommen, mit Lastkähnen, beladen mit königlichen Geschenken für die Asiaten, die mich begleitet hatten. Ich setzte die Reise fort und segelte, bis ich die Hauptstadt erreichte.

Ägyptisches Haus mit Garten und rechteckigem Gartenteich (nach Szenen aus dem Grab des Neb-amun, Theben).

Ostrakon mit der Geschichte des Sinuhe (Ashmolean Museum, Oxford).

Als es tagte, noch ganz früh, wurde ich zum Palast geleitet. Die Königskinder standen im Tordurchgang, die Hofbeamten führten mich zur Audienz.

Ich traf Seine Majestät auf dem großen Thron an, in der goldenen Nische. Ausgestreckt auf meinem Bauch lag ich besinnungslos vor ihm, als dieser Gott (der König) mich freundlich begrüßte. Meine Seele war dahin geschwunden, mein Leib war ohnmächtig und mein Herz war nicht in meinem Leib, ich ahnte: So wird aus Leben Tod. Da sprach Seine Majestät zu einem von den Hofbeamten: ›Hebe ihn auf und lass ihn zu mir reden!‹ Dann sagte Seine Majestät zu mir: ›Siehe, da bist du! Du hast die Fremdländer durchzogen, bist geflohen; doch das Alter hat dich eingeholt, du bist alt geworden. Warum sprichst du nicht, obwohl ich deinen Namen genannt habe?‹

Ich fürchtete mich vor einer Entgegnung und antwortete mit leiser Stimme: ›Siehe, ich liege vor dir, dein ist mein Leben, deine Majestät kann nach Belieben mit mir verfahren!‹ Da ließ Seine Majestät die Königskinder hereinführen und sprach zu ihnen und der Königin: ›Schau, *Sinuhe* ist heimgekommen – er ist jetzt ein Asiat, ein Geschöpf der Beduinen!‹

Sie schrien laut auf: ›Das ist er nicht wirklich, o König, unser Herr!‹ Doch Seine Majestät antwortete: ›Er ist es, wahrhaftig!‹ Sie aber hatten ihre *Sistren* mitgebracht; die streckten sie nun Seiner Majestät entgegen und sprachen: ›Nimm an dieses Geschenk, o König, nämlich den

Schmuck der Göttin *Hathor*, und gewähre uns dafür als Gabe am heutigen Festtag den Sohn des Nordwindes, diesen Asiaten, der in Ägypten geboren ist. Er ist geflohen aus Furcht vor dir, er hat das Land verlassen aus Schrecken vor dir. Das Gesicht dessen, der dein Antlitz schaut, soll jedoch nicht erbleichen, nicht soll das Auge sich fürchten, das auf dich blickt!‹

Da sprach Seine Majestät: ›Er soll sich nicht fürchten! Er soll ein Hofrat unter den Hofbeamten und in die Mitte des Hofstaates gesetzt sein. Begebt euch in die Baderäume, um seine Aufwartung zu machen.‹ Nun ging ich also hinaus aus dem Audienzsaal, und die Königskinder reichten mir ihre Hand, dann gingen wir zusammen in das Haus eines Königssohnes. Wunderbares gab es dort: Es hatte ein Badezimmer, Spiegel und Schmuck aus dem Schatzhaus, Kleider aus feinstem Königsleinen; Weihrauch und bestes Öl gab es in jedem Raum. Jeder Diener kam seiner Pflicht nach.

Man ließ die Spur der Jahre an meinem Leib vorübergehen, ich wurde enthaart, mein Haupthaar geschnitten, meine Beduinenkleider der Wüste übergeben. In feinstes Leinen wurde ich nun gekleidet, mit bestem Öl gesalbt und auf einem Bett zur Ruhe gelegt.

Ein Landhaus wurde mir zugewiesen; viele Handwerker besserten es aus, jeder Baum wurde neu gepflanzt. Mir wurden Mahlzeiten aus dem Palast gebracht, drei Mal, vier Mal täglich, abgesehen von dem, was mir die Königskinder noch dazu gaben.

Vergoldeter, mumienförmiger Holzsarg des Beamten Hepj *aus der* Nekropole *von Meir, um 1850 v. Chr. (Metropolitan Museum of Art, New York).*

Ein Grabhaus aus Stein wurde für mich im Pyramidenbezirk errichtet. Der Oberbaumeister legte selbst Hand an, der Oberbildhauer fertigte die Reliefs in ihm an, der Oberzeichner bemalte sie, der Bauleiter der *Nekropole* kümmerte sich darum. Die gesamte Ausstattung, die zu einem Grab gehört, wurde bereitgestellt, Totenpriester wurden mir zugeteilt. Ein Garten wurde vor dem Grab angelegt, Beete und Bäume darin, wie es für einen Hofrat ersten Ranges gemacht wird. Meine Grabstatue war mit Gold überzogen, ihr Schurz aus Weißgold. Seine Majestät persönlich gab sie in Auftrag. Ich aber bleibe in der Gunst des Königs, bis der Tag des Hinscheidens kommen wird.« (Nach Erik Hornung, Gesänge vom Nil).

Auflösungen

Übung 1 (S. 22 f.)

Das war doch gar nicht schwer! Liest man einfach die einzelnen Zeichen hintereinander und beachtet man die Regel mit dem eingefügten *E*, dann kann eigentlich gar nichts schief gehen. Die Wörter sind alle von links nach rechts geschrieben.

Hieroglyphen	Bedeutung	Lesung
	Ptah	Hocker = *P*, Brot = *T*, Zopf = *H*. Eigentlich müsste der Name **P-(E)-T-(E)-H** gelesen werden. Bei vielen Göttern ist jedoch bekannt, wie ihre Namen tatsächlich ausgesprochen wurden. Das kommt daher, dass schon vor über 2000 Jahren viele Griechen und Römer nach Ägypten reisten und in ihren Berichten auch die Götternamen erwähnten.
	zusammen mit	Zopf = *H*, Welle = *N*, Arm = *A*, zusammen: **H-(E)-N-A**
	Leib	Kuhfell = *Ch*, Brot = *T*, zusammen: **Ch-(E)-T**
	dieser	Hocker = *P*, Welle = *N*, zusammen: **P-(E)-N**
	gesund	Stoff = *S*, Welle =*N*, Bein = *B*, zusammen: **S-(E)-N(E)-B**
	da, dort	Schilfrispe = *I*, Eule = *M*, zusammen: **I-M**
	Sokar	Geschrieben wird der Name dieses Gottes eigentlich **S-(E)-K-(E)-R** (Riegel = *S*, Korb mit Henkel = *K*, Mund = *R*). Aber auch hier kennen wir die richtige Aussprache, nämlich Sokar

Hieroglyphen	Bedeutung	Lesung
	sagen	Kobra = *Dsch*, Hand = *D*, zusammen: ***Dsch-(E)-D***
	Bild, Abbild; Statue	Brot = *T*, Wachtelküken = *W* oder *U*, also: ***T-U-T***
	gegenüber, vor	Brunnen = *Ch*, Hornviper = *F*, Brot = *T*, zusammen ***Ch-(E)-F-(E)-T***
	Anubis	Geschrieben wird der Name eigentlich ***I-N-P-U*** (Schilfrispe = *I*, Welle = *N*, Hocker = *P*, Wachtelküken = *W* oder *U*). Die richtige Aussprache war jedoch, wie wir durch griechische bzw. römische Berichte wissen, Anubis.
	Blässgans	Tierfessel = *Tsch*, Mund = *R*, Hocker = *P*, zusammen: ***Tsch-(E)-R-(E)-P***

Übung 2 (S. 40 f.)

Die griechische Umschreibung der meisten ägyptischen Königsnamen ist durch den Geschichtsschreiber *Herodot* bekannt. Er hatte vor etwa 2500 Jahren eine Reise nach Ägypten unternommen und anschließend ein umfangreiches Buch über das Land, seine Bewohner, die Städte und Tempel verfasst. Darin vermerkte er die Namen aller damals bekannten Herrscher.

Hieroglyphen	Lesung	heute übliche Aussprache
	Zuerst kommt der Stoff = *S*, dann das Zeichen *NFR*, das *R* dahinter ist nur eine Lesehilfe, am Schluss das *W* oder *U*. Also: ***S-(E)-N-(E)-F-(E)-R-U***	**Snofru**

Hieroglyphen	Lesung	heute übliche Aussprache
	Der Brunnen = *Ch*, das Wachtelküken = *W* oder *U*, die Hornviper = *F*, nochmals das Wachtelküken. Zusammen: **Ch-U-F-U**	eigentlich **Chufu**, üblich ist aber **Cheops**
	Spielbrett = *MN*, Welle (*N*) als Lesehilfe, Fessel = *Tsch*, Wachtelküken = *W/U*, Matte mit Brot = *HTP*, *T* und *P* als Lesehilfe; **M-(E)-N-Tsch-U-H-(E)-T-(E)-P**	**Mentu-hotep**
	Schilfrispe = *I*, Spielbrett = *MN*, Welle als Lesehilfe, Eule = *M*, Löwenvorderteil = *HAT*, Brot als Lesehilfe. Zusammen: **I-M-(E)-N-(E)-M-H-A-T**	**Amen-emhet**
	Stoff = *S*, Bein = *B*, Henkelkorb = *K*, Matte mit Brot = *HTP*, darunter *T* und *P* als Lesehilfe. Also: **S-(E)-B-(E)-K-H-(E)-T-(E)-P**	**Sebek-hotep**
	Mond = *IAH* (ein Begriffszeichen), dahinter die drei zusammengebundenen Fuchsfelle = *MS*, das *S* am Schluss als Lesehilfe: **I-A-H-M-(E)-S**	**Ahmose**
	Schilfrispe = *I*, Spielbrett und Welle = *MN*, Matte mit Brot = *HTP*, und wieder *T* und *P* als Lesehilfe. Also: **I-M-(E)-N-H-(E)-T-(E)-P**	**Amenophis**
	Ibis auf Standarte = *DschHWTI*, drei zusammengebundene Fuchsfelle und Stoff = *MS*. Also: **Dsch-(E)-H-U-T-I-M-(E)-S**	**Tuthmosis**

Hieroglyphen	Lesung	heute übliche Aussprache
	Hocker = P, Brot = T, Lasso = O, Löwe = L, flaches Zeichen = M, zwei Schilfrispen = J, Stoff = S. Also: **P-T-O-L-(E)-M-J-S**	**Ptolemaios**
	Schilfrispe = I, Spielbrett und Welle = MN (Name des Amun, wird am Schluss gelesen), Brot = T, Wachtelküken = W/U, ANCh. Also: **T-U-T-A-N-Ch-I-M-(E)-N**	**Tutanch-amun**
	Sonne = RA, zusammengebundene Fuchsfelle und Stoff = MS, Binse = SW, Wachtelküken dahinter als Lesehilfe. Zusammen: **R-A-M-(E)-S-S-U**	**Ramses**
	Sonne = RA (wird am Schluss gelesen), Herz mit Luftröhre und Mund = NFR, Auge = IR, Arme = KA, also: **N-(E)-F-(E)-R-I-R-K-A-R-A**	**Neferir-kare**
	Land = TA, Hofmauer = H, Schmutzgeier = A, Mund = R, Hügel = Q, Schmutzgeier = A, also: **T-A-H-A-R-Q-A**	**Taharqa**
	Hocker = P, nochmals ein P, zwei Mal eine Schilfrispe = J, zusammen also: **P-(E)-P-J**	**Pepi**
	Die Sonne (RA) wird am Schluss gelesen, zuerst kommt die Hacke = MR, Mund = R als Lesehilfe, Welle = N, also: **M-(E)-R-(E)-N-R-A**	**Merenre**

Hieroglyphen	Lesung	heute übliche Aussprache
	Wieder Schilfrispe, Spielbrett und Welle = *IMN* (wird am Schluss gelesen), Spießente = *SA*, zusammen: **S-A-I-M-(E)-N**	**Siamun**
	Hügel = *Q*, Löwe = *L*, Schilfrispe = *I*, Lasso = *O*, Hocker = *P*, Schmutzgeier = *A*, Hand = *D*, Mund = *R*, Schmutzgeier = *A*, also: **Q-L-I-O-P-A-D-R-A**	**Kleopatra**
	Schmutzgeier = *A*, Löwe = *L*, Henkelkorb und Stoff = *KS* oder *X*, Welle = *N*, Hand = *D*, Mund = *R*, Riegel = *S*, also: **A-L-(E)-K-S-(E)-N-D-R-(E)-S**	**Alexandros/ Alexander**

Übung 3 (S. 49 f.)

Die richtigen Deutzeichen sind nicht allzu schwer zu bestimmen. Man muss nur überlegen, zu welcher Sachgruppe ein Wort gehört, z. B. zu Berufen von Männern, Berufen oder Verwandtschaftsbezeichnungen von Frauen, zu Gegenständen aus Holz, zu den Wörtern der Bewegung, zu Tätigkeiten, die den Kopf betreffen, zu Begriffen, die etwas mit der Zeit zu tun haben oder mit der Helligkeit, ob es sich um eine Flüssigkeit handelt oder um etwas anderes. Es kann auch sein, dass verschiedene Deutzeichen möglich sind: bei dem Wort »Tür« könnte als Deutzeichen der Hausgrundriss stehen, da die Tür zum Haus gehört, oder der Ast, da die Tür aus Holz besteht. In manchen Fällen stehen sogar zwei Deutzeichen hinter einem Wort.

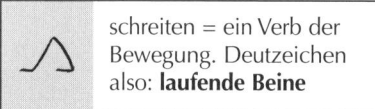 schreiten = ein Verb der Bewegung. Deutzeichen also: **laufende Beine**

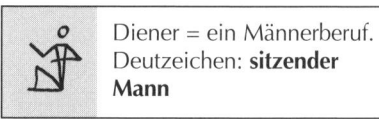 Diener = ein Männerberuf. Deutzeichen: **sitzender Mann**

Steinbock = ein Säugetier. Deutzeichen also: **Fellstück**	Feld = ein Stück Land. Deutzeichen daher: **Land**		
schlagen = eine Tätigkeit, für die Kraft nötig ist. Also: **Arm mit Stock**	Kindheit. Deutzeichen: **Kind**		
Türpfosten = ein Gegenstand aus Holz. Deutzeichen also: **Ast**	essen = Tätigkeit des Kopfes. Deutzeichen: **Mann mit Hand am Kopf**		
Gewand = ein Gegenstand aus Stoff. Deutzeichen: **Stoff mit Fransen**	Sünde = etwas Negatives. Deutzeichen: **Sperling**		
Abydos = Name einer Stadt. Deutzeichen also: **Stadtmauer**	Nil = Name eines Flusses. Deutzeichen: **Kanal** oder **drei Wellen**		
Licht = bringt Helligkeit, Deutzeichen also: **Sonne**	Himmel. Deutzeichen: **Himmel**		
Palästina = Name eines fremden Landes. Deutzeichen: **Sandberge**	Hase = wie der Steinbock ein Säugetier. Deutzeichen: **Fellstück**		
Absicht = ein bildlich nicht darstellbares Wort. Also: **Papyrusrolle**	Kraft = das Deutzeichen ist auch wieder sehr einfach: **Arm mit Stock**		
Meer = große Wasseransammlung. Also: **drei Wellen**	bringen = ein Verb der Bewegung. Deutzeichen: **laufende Beine**		

Übung 4 (S. 51)

Hieroglyphen	Lesung, Aussprache	Übersetzung
	Schilfrispe = *I*, Spielbrett+Welle = *MN(+N)*, Deutzeichen: Gott ***IM(E)N***	Amun
	Hacke+Mund = *MR(+R)*, Deutzeichen: Tätigkeit des Kopfes ***M(E)R***	lieben

Hieroglyphen	Lesung, Aussprache	Übersetzung
	Hase+Welle = WN(+N), Topf = NW, Brot = T, Deutzeichen: Zeit **W(E)NUT oder UNUT**	Stunde
	Schilfrispe = I, Hügel = Q, Mund = R, Deutzeichen: abstraktes Wort **IQ(E)R**	vorzüglich
	Tierhaut = Ch, Mund = R, Hand = D, Deutzeichen: Kind **Ch(E)R(E)D**	Kind
	Gefäßständer = G, Zopf = H, Stoff = S, Deutzeichen: Säugetier **G(E)H(E)S**	Gazelle
	Wäscheschlägel = HM Deutzeichen: König **H(E)M**	Majestät
	Schilfrispe = I, Brot = T, Mund = R, Wachtelküken = W, Deutzeichen: Wasser und Gewässer **IT(E)RU**	Fluss
	Welle+Messer+Eule = (N+)NM(+M), Schilfrispe = I Deutzeichen: Bewegung **N(E)MI**	gehen, reisen
	Welle = N, Kobra = Dsch, Stoff = S Deutzeichen: schlecht, klein **N(E)Dsch(E)S**	klein, gering
	Küken = W, Papyrusbüschel + Schmutzgeier = HA(+A) Deutzeichen: Kraft **W(E)HA oder UHA**	brechen
	Brunnen = HM, Brot = T, Deutzeichen: Frau **H(E)M(E).T**	Frau, Ehefrau
	Ruder = ChR, Wachtelküken = W, Deutzeichen: Tätigkeit des Kopfes **Ch(E)RU**	Stimme

Hieroglyphen	Lesung, Aussprache	Übersetzung
	Eule = *M*, Ast+Brunnen-schacht+Brot = *ChT(+Ch+T)*, Deutzeichen: Bewegung der Zeit **(E)M-Ch(E)T**	nachdem
	Hocker = *P*, Hase+Welle = *WN(+N)*, Brot = *T*, Deutzeichen: fremdes Land **PUNT**	Punt (Länder-name)
	Hügel = *Q*, Mund = *R*, Stoff = *S*, Wachtelküken = *W*, Deutzeichen: Holz **Q(E)RSU**	Sarg
	Arm = *A*, Teich = *Sch*, Deutzeichen: Tätigkeit des Kopfes **ASch**	rufen
	Lotosblatt = *ChA*, Stoff = *S*, Brot = *T*, Deutzeichen: fremdes Land **ChAS(E).T**	Fremdland
	Stoff = *S*, Meißel+Eule+Mund = *MR (+M+R)* Deutzeichen: Mann **S(E)M(E)R**	Freund
	Gefäßständer = *G*, Mund = *R*, Deutzeichen: Tätigkeit des Kopfes **G(E)R**	schweigen
	Hausgrundriss+Mund = *PR (+R)*, Deutzeichen: Bewegung **P(E)RI**	herauskom-men
	Mund = *R*, Brunnenschacht = *Ch*, Deutzeichen: abstraktes Wort **R(E)Ch**	erfahren, kennen
	Thronsitz+Brot = *ST (+T)*, Hacke+Arm = *MAA (+A)*, Brot = *T*, Deutzeichen: Stadt **S(E)T-MAAT**	Deir el-Medineh
	Tempel+Brot = *HWT (+T)*, Deutzeichen: Gebäude **HU.T**	Tempel

Übung 5 (S. 53)

3 Zehner + 7 Einer = 37	1 Tausender + 3 Hunderter + 4 Zehner + 5 Einer = **1.345**	1 Zehntausender + 3 Tausender + 1 Hunderter + 3 Zehner + 2 Einer = **13.132**
1 Hunderter + 4 Einer = **104**	1 Hunderter + 1 Zehner + 1 Einer = **111**	3 Hunderter + 5 Zehner + 4 Einer = **354**
2 Hunderter + 5 Zehner + 8 Einer = **258**	2 Tausender + 4 Hunderter + 3 Zehner + 5 Einer = **2.435**	9 Zehner + 9 Einer = **99**
8 Zehner + 6 Einer = **86**	7 Zehner + 4 Einer = **74**	2 Hunderttausender + 4 Zehntausender + 3 Tausender + 5 Hunderter + 4 Zehner + 2 Einer = **243.542**

Übung 6 (S. 62 f.)

Lesung

Gleich ganz oben stehen zwei hohe schmale Zeichen nebeneinander; das rechte ist das Substantiv *N-(E)-Tsch-(E)-R* und heißt »Gott«. Das linke Zeichen wird *N-(E)-F-(E)-R* gelesen und mit »gut« oder »schön« übersetzt; es ist also ein Adjektiv. Zusammen lautet der Ausdruck *N-(E)-Tsch-(E)-R N-(E)-F-(E)-R*, übersetzt »der gute Gott«. Eigenschaftswörter stehen im Ägyptischen ja immer hinter dem Substantiv, das sie näher bestimmen.

Darunter folgt das Zeichen *N-(E)-B*, übersetzt »Herr«. Anschließend erscheint zwei Mal dasselbe Zeichen *T-A* »Land«. Die Doppelschreibung steht für eine ägyptische Sonderform des Plurals, den »Dual« (siehe S. 73), der bei häufig paarweise genannten Gegenständen verwendet wurde. Auch das Wort »Land« gehörte dazu, da man Ägypten als ein aus zwei Landeshälften bestehendes Territorium ansah. Die beiden Landzeichen werden daher mit »die beiden Länder« übersetzt. Und der gesamte Ausdruck liest sich »Herr der beiden Länder«, was eine gängige Bezeichnung für den Pharao ist.

Anschließend folgt die Kartusche mit dem Thronnamen des Königs *Tuthmosis IV*. Er besteht aus drei Zeichen sowie drei zusätzlichen Strichen. Das erste Zeichen wird *R-A* gelesen, es ist der Name des Sonnengottes (*Ra* oder *Re*). Beim zweiten Zeichen handelt es sich um das Spielbrett *M-(E)-N*. Anschließend folgt der Skarabäus *Ch-(E)-P-(E)-R*; die drei unter ihm stehenden Striche zeigen an, dass dieses Wort in den Plural gesetzt ist (zur Pluralbildung siehe S. 72); es wird daher als *Ch-(E)-P-(E)-R-W* gelesen. Der Name liest sich im Zusammenhang also *R-A – M-(E)-N – Ch-(E)-P-(E)-R-W*. Da es sich bei dem Wort *RA* um einen Götternamen handelt, steht es nur aus Gründen der Ehrfurcht am Anfang. Die richtige Lesung des Namens *Tuthmosis' IV*. lautet daher *M-(E)-N – CH-(E)-P-(E)-R-W – R-A*.

Die beiden folgenden, flachen und breiten Zeichen stellen Kurzformen von zwei ganzen Wörtern dar. Das erste ist als *M-A-A* zu lesen, übersetzt »wahr sein« (ausführlich würde es mit Sichel = *MA* und Arm = *A* sowie einem weiteren kleinen Zeichen geschrieben, das auch allein als *M-A-A* gelesen werden kann). Das zweite Wort wird *Ch-(E)-R-W* gelesen und heißt »Stimme«. Die Übersetzung des ganzen Ausdrucks lautet also »wahr an Stimme«.

Das nächste Wort wurde ebenfalls etwas abgekürzt; das Deutzeichen des sitzenden Gottes wurde ausgelassen, da der Name dieses Gottes, zusammengesetzt aus den Zeichen Auge und Thronsitz, jedermann sehr geläufig war. Er muss *W-S-I-R* gelesen werden.

Das letzte Wort besteht aus drei Zeichen: der Hacke *M-(E)-R* und der dahinter zwei Mal aufgeführten Blütenrispe der Schilfpflanze. Gelesen wird es *M-(E)-R-J* und heißt übersetzt »geliebt«. Die beiden letzten Worte zusammen liest man *M-(E)-R-J W-S-I-R*; der Name des Gottes wurde wieder nach vorn gestellt, obwohl er eigentlich erst an zweiter Stelle zu lesen ist. Die Übersetzung lautet »geliebt von Osiris«.

Die gesamte Inschrift liest sich im Zusammenhang folgendermaßen:

NTschR NFR NB TAWI MN-ChPRW-RA MAA ChRW MRJ WSIR

Und ihre Übersetzung lautet:

»Der gute Gott, der Herr der beiden Länder, *Men-Cheperu-Re*, wahr an Stimme, geliebt von *Osiris*«.

Antworten zum Grabstein des *Intef*:

- Der Name des *Osiris* steht zwei Mal auf dem Grabstein, der des *Upuaut* ebenfalls (das zweite Mal ist er ein Bestandteil des Namens von *Intefs* Sohn).
- Der Text in den oberen Zeilen gehört zu *Intef* und seiner Frau, da die Zeichen in dieselbe Richtung blicken wie *Intef* selbst.
- *Sat-useret* ist die Ehefrau des *Intef*, wie ganz am Anfang ihrer Beischrift steht. Das Wort *SA.T*, Tochter, ist dagegen nur Bestandteil ihres Namens.
- Bei den Männern und Frauen, die vor *Intef* stehen, handelt es sich um seine Söhne und Töchter.
- Der Text, der zu dem rechts direkt vor dem Speisetisch stehenden Mann gehört, beginnt mit dem Zeichen der Spießente (*SA*): Es ist das vorderste Zeichen, das nach links blickt, so wie der Mann selbst.
- Die Frau neben *Nechti* ist als seine Ehefrau bezeichnet; damit ist sie die Mutter des *Intef*.
- Der eingerahmte Text über dem Kopf des *Nechti* gehört zu ihm, da die einzelnen Hieroglyphen in dieselbe Richtung blicken wie er selbst.
- Bei den vier Frauen und dem Mann vor *Nechti* und seiner Gattin handelt es sich um seinen Sohn und seine Töchter.
- Die drei ersten Frauen im untersten Bildstreifen sind keine Töchter, sondern Dienerinnen. Diese Bezeichnung findet sich jeweils vor ihren Köpfen.

Übersetzung

Oberstes Schriftfeld:

»Ein Opfer, das vom König gegeben wird an *Osiris*, den Ersten der Westlichen (mit »den Westlichen« sind die Götter im Jenseits gemeint), den großen Gott, den Herrn von *Abydos*, (und) ein Opfer, das gegeben wird an *Upuaut*, den Herrn des heiligen Landes (gemeint ist der Friedhof), (und) ein Opfer, das gegeben wird an alle Götter von *Abydos*; sie mögen geben ein Speiseopfer (bestehend aus) Brot und Bier, tausend (Stück) Rindern und Geflügel, tausend Kleiderstoffen und Alabastergefäßen, tausend (Stück) von allen guten und reinen Dingen, von denen ein Gott lebt, für die *Ka*-Seele des vom großen

Gott, dem Herrn der westlichen Wüste, in seinem Grab der *Nekropole* Versorgten, dem geehrten *Intef*, dem gerechtfertigten, geboren von *Tschet*. Seine Ehefrau, die er liebt, *Hepj*.«

Oberer Bildstreifen:
»Der geehrte *Intef*, der gerechtfertigte. Seine Ehefrau, die er liebt, *Satuseret*.« »Sein Sohn, den er liebt, *Upuaut-necht*. Sein Sohn *Nechti*. *Nechti*. Seine Tochter *Idi-anch*. Seine Tochter *Iamit*.«

Eingerahmte Textzeile:
»Ein Opfer, das vom König gegeben wird an *Osiris*, den Ersten der Westlichen, den guten Gott, den Herrn von *Abydos*; er gebe ein Speiseopfer (bestehend aus) Brot und Bier, Rindfleisch und Geflügel für den geehrten *Nechti*, geboren von *Hetepet*. Seine Ehefrau *Tschet*. (Gestiftet) von seinem Sohn, der seinen Namen leben lässt, *Intef*.«

Mittlerer Bildstreifen:
»Sein Sohn *Nechti*. Seine Tochter *Tschet*. Ihre Tochter *Hepj*. Seine Tochter *Meru*. Seine Tochter *Hetepet*.«

Unterer Bildstreifen:
»Die Dienerin *Necht-anch*. Die Dienerin *Teti*. Die Dienerin *Neni*. Der Handwerker *Idi*. Der Handwerker *Nechti*. Seine Tochter *Hetepet*. Seine Tochter *Iamjt*. Seine Tochter *Nechtj*.«

Übung 8 (S. 74)

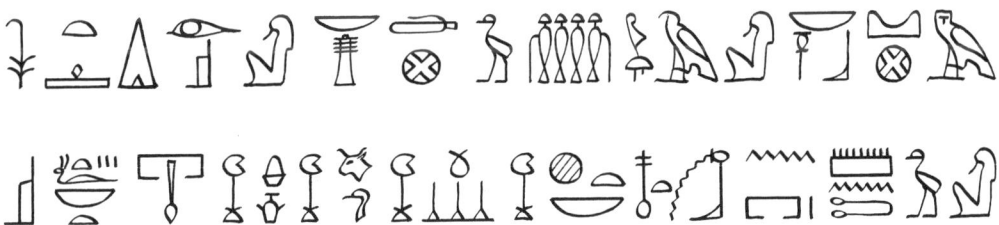

In der Liste stehen abwechselnd ein Zahlzeichen und zwei Gegenstände für die Grabausrüstung. Das Zahlzeichen bleibt immer gleich: das Lotosblatt, gelesen *ChA*, für die Zahl 1000. Da also von allen Gegenständen 1000 Stück vorhanden sein sollen, müssen sämtliche

Wörter in die Mehrzahl gesetzt werden, auch wenn bei der Schreibung aus Platzgründen auf die drei Pluralstriche verzichtet wurde.

Die Liste beginnt mit *ChA* (tausend). Dahinter steht oben ein Brot, das *TW* = »Brote« gelesen wird, unter ihm ein Bierkrug als Abkürzung für das Wort Bier = *HNQ.T* (es existiert kein Plural von Flüssigkeiten). Danach steht wieder *ChA* (tausend), dahinter ein Rinderkopf als Abkürzung für *IHW* = Rinder, darunter ein Vogelkopf als Abkürzung für *APDW* (Geflügel). Nochmals das Zahlzeichen *ChA*, dahinter die abgekürzte Schreibung für *SchSW* (Alabastergefäße) und *MNChW.T* (Kleider). Das letzte Tausender-Zeichen steht vor dem Ausdruck *IChW.T* (Dinge) *NBW.T* (alle) *NFRW.T* (guten) *WABW.T* (reinen), zusammen also »alle guten und reinen Dinge«.

Die Übersetzung der gesamten Inschrift lautet:
»Ein Opfer, das vom König gegeben wird an *Osiris*, den Herrn von *Busiris*, und an *Chontamenti*, den Herrn von *Abydos*, an allen seinen Stätten, (sie mögen geben) ein Totenopfer (bestehend aus) tausend Broten und Bier, tausend Rindern und Geflügel, tausend Alabastergefäßen und Kleidern, tausend von allen guten und reinen Dingen des Hauses des *Month* (für die *Ka*-Seele des *Henenu*).«

Übung 9 (S. 75)

Wort	Pluralbildung	Schreibung
Brot	»Brot« ist ein männliches Wort, für den Plural wird also einfach ein *W* angehängt: **TW**.	
Bier	Ein Wort, das – wie alle Flüssigkeiten – keinen Plural bildet. Es bleibt daher bei **HNQ.T**.	
Wein	Genauso wie »Bier« hat »Wein« keinen Plural. Es bleibt also auch bei dem Wort Wein **IRP**.	
Rind	»Rind« ist ebenfalls ein männliches Wort, da es nicht auf *T* endet. Für den Plural wird nur ein *W* angehängt: **IHW**.	

Wort	Pluralbildung	Schreibung
Geflügel	Im Deutschen existiert kein Plural für dieses Wort, im Ägyptischen jedoch wird wieder ein *W* angehängt: ***APDW***.	
Steinbock	Ein Wort ohne *T*-Endung, also wird für den Plural nur ein *W* angehängt: ***NIAW***.	
Dorkasgazelle	Wie »Steinbock« und »Rind« ein männliches Wort ohne *T*-Endung, die Mehrzahl lautet also ***GHSW***.	
Kleid	Das Wort hat eine *T*-Endung, ist also weiblich. Für die Mehrzahl wird das *W* daher vor das *T* gesetzt: ***MNChW.T***	
Kette	»Kette« ist wieder ein männliches Wort, der Plural lautet daher ***WSChW***.	
Stuhl	Da das Wort keine *T*-Endung hat, lautet die Mehrzahl »Stühle« ***PHDschW***.	
Sandale	»Sandale« hat ebenfalls keine *T*-Endung, die Mehrzahl heißt also einfach ***TschBW***.	
Bett	»Bett« ist ein weibliches Wort mit *T*-Endung. Der Plural »Betten« heißt daher ***ATschW.T***.	
Truhe	Wiederum ein weibliches Wort mit *T*-Endung. Die Mehrzahl »Truhen« muss daher ***AFDschW.T*** lauten.	

Ausdruck	Bildung des Genitivs	Hieroglyphen
das Haus des Bauern	Haus = *PR*, Bauer = *SChTI*; es kann also heißen: **PR SChTI** oder **PR N SChTI**	
der Freund des Schreibers	Freund = *SMR*, Schreiber = *SSch*; es kann also heißen: **SMR SSch** oder **SMR N SSch**	
der Tempel des Amun	Tempel = *HW.T*, Amun = *IMN*; es heißt also: **HW.T IMN** oder **HW.T N.T IMN**	
die Priester des Tempels	Priester = *HM NTschR*, Plural *HMW NTschR*, Tempel = *HW.T*; also: **HMW NTschR HW.T** oder **HMW NTschR NW HW.T**	
die Söhne des Königs	Sohn = *SA*, Söhne = *SAW*, König = *NSWT*; es heißt also: **SAW NSWT** oder **SAW NW NSWT**	
die Diene- rinnen des Herrschers	Dienerin = *HM.T*, Dienerinnen = *HMW.T*, Herrscher = *HQA*; also: **HMW.T HQA** oder **HMW.T NW.T HQA**	
die Töchter des Dieners	Tochter = *SA.T*, Töchter = *SAW.T*, Diener = *BAK*; also: **SAW.T BAK** oder **SAW.T NW.T BAK**	

124

Ausdruck	Bildung des Genitivs	Hieroglyphen
der Bruder der Herrscherin	Bruder = *SN*, Herrscherin = *HNW.T*; also: ***SN HNW.T*** oder ***SN N HNW.T***	
die Herrin des Hauses	Herrin = *NB.T*, Haus = *PR*; es heißt also: ***NB.T PR*** oder ***NB.T N.T PR***	
der Herr des Himmels	Herr = *NB*, Himmel = *P.T*; es heißt also: ***NB P.T*** oder ***NB N P.T***	
die Mutter des Herrschers	Mutter = *MW.T*, Herrscher = *HQA*; es heißt also: ***MW.T HQA*** oder ***MW.T N.T HQA***	
die Salbgefäße der Herrin	Salbgefäß = *BAS*, Salbgefäße = *BASW*, Herrin = *NB.T*; also: ***BASW NB.T*** oder ***BASW NW NB.T***	

Übung 11 (S. 94 f.)

1. RDschI-F N HM.T-F MNCh.T

»Er gibt seiner Frau ein Gewand.«

Mund+Arm mit Brot = *RDschI* »geben«, Hornviper = *F*, Suffixpronomen der 3. Person Singular maskulin nach Verb, also »er gibt«;

Welle = *N*, in diesem Fall nach dem Satzaufbau Anzeiger für Dativ, Brunnen+Brot = *HM.T*, Deutzeichen: Frau, also »Ehefrau«;

Hornviper = *F*, Suffixpronomen der 3. Person Singular maskulin

nach Substantiv, also besitzanzeigend, »seine Ehefrau«; insgesamt: »seiner Ehefrau«;

Spielbrett+Welle+Brunnenschacht+Brot = *MN(+N)Ch.T*, Deutzeichen: Stoff mit Fransen, also »Gewand«.

2. *HNK.N-I N MW.T WSCh*

»*Ich schenkte der Mutter eine Kette.*«

Zopf+Welle+Henkelkorb = *HNK*, Deutzeichen: Arm mit Gefäß,
also »schenken«; Welle = *N*, nach Verb Anzeiger für Vergangenheit, also »schenkte«; sitzende Frau = *I*, Suffixpronomen
1. Person Singular nach Verb, also »ich schenkte«;
Welle = *N*, nach Satzzusammenhang Anzeiger für Dativ;
Geier+Brot+Füllstrich = *MW.T*, Deutzeichen: sitzende Frau,
also »Mutter«; zusammen: »der Mutter«;
Wachtelküken+Stoff+Brunnenschacht = *WSCh*, Deutzeichen:
Kette, also »eine Kette«.

3. *JI-SN R HW.T*

»*Sie kommen zum Tempel.*«

Schilfrispe mit Beinen+Schilfrispe = *JI*, Deutzeichen: bewegen,
also »kommen«; Stoff+Welle+Pluralstriche = *SN*,
Suffixpronomen 3. Person Plural bei Verb, also »sie kommen«;
Mund = *R* »hin zu«; Gebäude in Hof+Brot = *HW.T*,
Deutzeichen: Gebäude, also »Tempel«;
zusammen: »zum Tempel«.

4. *MAA WI*

»*Sieh mich (an)!*«

Auge+Sichel+Schmutzgeier+Schmutzgeier = *MAA* »sehen«; ohne
Angabe eines Handelnden = Imperativ, also »sieh!«;
Wachtelküken+sitzender Mann = *WI*, abhängiges Personalprono-
men 1. Person Singular, nach Satzzusammenhang also »mich«.

5. *WN AAWI NW AH*

»*Die Türflügel des Palastes sind offen.*«

Hase+Welle = *WN*, Deutzeichen: Türflügel, also »offen sein«;
Arm+Zeltstange+Türflügel = *AA*, Deutzeichen: Ast, also
»Türflügel«; zwei kleine, schräge Striche = Deutzeichen für Dual,
also »die beiden Türflügel«; zusammen: »die beiden Türflügel
sind offen«;

kugeliges Gefäß+Strich = Genitiv, also »des«;

Palast+Arm = *AH*, Deutzeichen: Gebäude, also »Palast«;

zusammen: »des Palastes«.

6. *J(I)T M HTP(.T) IN HATI-A N NIW.T RSI(.T) SNNFR MAA ChRW*

»Das Kommen in Frieden seitens des Bürgermeisters der südlichen Stadt Sen-nefer, des gerechtfertigten.«

Schilfrispe mit Beinen+Schilfrispe = *JI*, Deutzeichen: bewegen, also »kommen«; Brot = *T*, nach Verb Anzeiger für Infinitiv, also »das Kommen«;

flaches Zeichen unbekannter Bedeutung = *M* »in«; Matte mit Brot+Brot+Hocker+Brot = *HTP.T*, Deutzeichen: abstraktes Wort, also »Frieden«; zusammen: »in Frieden«;

Schilfrispe+Krone = *IN*, nach Infinitiv Einleitung für den Täter, also »seitens«; Löwenvorderteil+Arm = *HATI-A* »Bürgermeister; Welle = *N*, zwischen zwei Substantiven Anzeiger für Genitiv, also »der« oder »des«; Pflanze mit doppelten Seitentrieben auf kleinem Mund = *RSI* »südlich«; Stadt+Strich+Brot = *NIW.T* »Stadt«; zusammen: »seitens des Bürgermeisters der südlichen Stadt«;

Pfeil+Herz mit Luftröhre = *SNNFR*, Name »Sen-nefer«;

Sockel+Ruder = *MAA ChRW* »gerechtfertigt«; zusammen: »Sen-nefer, der gerechtfertigte«.

(Der Satz stammt aus der Grabmalerei des *Sen-nefer* von S. 10; aus unbekannten Gründen ist hier das Adjektiv »südlich« vor das Substantiv »Stadt« gesetzt. Beim Namen des *Sen-nefer* wurde auf das Deutzeichen des sitzenden Mannes verzichtet, da es sich um eine Beischrift zu seiner Darstellung handelt.)

7. *IRI HRW NFR M PR-I*

»Mache dir einen schönen Tag in meinem Haus!«

Auge+Mund = *IRI* »machen«; keine Angabe eines Handelnden, also Imperativ »mache (dir)!«;

Hofmauer+Mund+Wachtelküken = *HRW*, Deutzeichen: Hellig-keit, also »Tag«; Herz mit Luftröhre+Hornviper+Mund = *NFR* »schön, gut«; zusammen: »ein schöner Tag«;

Zeichen unbekannter Bedeutung = *M* »in«; Hausgrundriss+Strich = *PR* »Haus«; sitzender Mann = *I*, Suffixpronomen 1. Person

Singular nach Substantiv, also »mein«; zusammen: »in meinem Haus«.

»Binde Kränze um, trage feinstes Salböl auf!«

Gürtelknoten+Riegel = *TschS*, Deutzeichen: Handlung,
also »umbinden«; keine Angabe des Handelnden = Imperativ,
also »binde um!«; Wachtelküken+Faserbesen+Zopf = *WAH*,
Deutzeichen: binden + Pflanzen, also »Kranz«;
drei Striche = Plural, also »Kränze«;
zusammen: »binde Kränze um!«;
Schwalbe+Mund+Zopf = *WRH*, Deutzeichen: Salbe + Handlung,
also »salben«; ohne Angabe eines Handelnden = Imperativ,
also »salbe dich!«;
Kopf im Profil+Hocker+Brot = *TP.T*, Deutzeichen: Salbe, also
»feinstes Salböl«; zusammen also: »salbe dich (mit) feinstem
Salböl!« oder »trage feinstes Salböl auf!«.

**»Ich werde kommen und ich werde mich setzen, um
zu erfreuen das Herz an einem schönen Tag in deinem
Haus.«**

Schilfrispe mit Beinen+Schilfrispe = *JI*, Deutzeichen: Bewegung,
also »kommen«; sitzende Frau = *I*, Suffixpronomen 1. Person
Singular, also »ich«; zusammen: »ich komme« oder »ich werde
kommen«;
Brunnen+Riegel = *HMSI*, Deutzeichen: hockender Mann,
also »sitzen«; sitzende Frau = *I*, Suffixpronomen 1. Person
Singular, also »ich«; zusammen: »ich sitze« oder »ich werde
sitzen«;
Mund = *R* »um zu«; Stoff+Brunnenschacht+Eule+Brunnen-
schacht+Herz+Strich = *SChMCh-IB* »das Herz erfreuen«; zusam-
men also: »um das Herz zu erfreuen«;
Zeichen unbekannter Bedeutung = *M* »in, an«;
Hofmauer+Mund+Wachtelküken = *HRW*, Deutzeichen: Hellig-
keit, also »Tag«; Herz mit Luftröhre+Hornviper+Mund = *NFR*
»schön«; zusammen: »an einem schönen Tag«;
Eule+Tierbalg+Welle+kugeliges Gefäß+Wachtelküken =
M-ChNW, Deutzeichen: Gebäude, also »in«, »inmitten von«;
Hausgrundriss+Strich = *PR* »Haus«, Henkelkorb = *K*, Suffix-

pronomen 2. Person Singular nach Substantiv, also »dein«; zusammen: »in deinem Haus«.

»Das Überreichen jeder frischen Pflanze, nämlich Lotosblumen, Papyruspflanzen und Mandragorafrüchte, an deine Nase seitens deines Freundes.«

Stoff+Arm+Mund+Brot = *SAR*, Deutzeichen: Bewegung, also »überreichen«; vor Deutzeichen Brot = *T*, Anzeiger für Infinitiv, also »das Überreichen«;

Mund+Welle+Hocker+Palmrippe+Wachtelküken+Brot = *RNPW.T*, Deutzeichen: Pflanzen, also »frische Pflanze«;

Korb+Brot = *NB.T* »jede« mit Feminin-Endung .*T*, da *RNPW.T* ein feminines Substantiv ist; zusammen also: »jede frische Pflanze«; wird mit dem Infinitiv durch Genitiv verbunden, zusammen also: »das Überreichen jeder frischen Pflanze«;

Eule = *M* »nämlich«;

Riegel+Teich+Welle+Deutzeichen: Lotosblüte = *SSchN* »Lotosblume«, drei Striche = Plural, also *SSchNW* »Lotosblumen«;

Papyrusstängel+Deutzeichen: Pflanzen = *WADsch* »Papyruspflanzen«, drei Striche = Plural, also *WADschW* »Papyruspflanzen«;

Mund+Mund+Eule+Brot+Deutzeichen: Pflanzen = *RRM.T* »Mandragorafrucht«, drei Striche = Plural, also *RRMW.T* »Mandragorafrüchte«;

Mund = *R* »an«; Hornviper+Welle+Kobra+Deutzeichen: Gesicht = *FNDsch* »Nase«; Henkelkorb = *K*, Suffixpronomen 2. Person Singular nach Substantiv, also »deine«; zusammen: »an deine Nase«;

Schilfrispe+Welle = *IN* »seitens« (Einleitung des Handelnden im Infinitiv); Stoff+Meißel+Eule+Mund = *SMR*, Deutzeichen: Mann, also »Freund«; Henkelkorb = *K*, Suffixpronomen 2. Person Singular nach Substantiv, also »dein«; zusammen: »seitens deines Freundes«.

»Feiere einen schönen Tag, (solange) du existierst auf Erden!«

Auge+Mund = *IRI* »machen«; keine Angabe eines Handelnden = Imperativ, also »mache!«; Hofmauer+Mund+Wachtelküken = *HRW*, Deutzeichen: Helligkeit, also »Tag«; Herz mit Luft-

129

röhre+Hornviper+Mund = *NFR* »schön«; zusammen: »mache einen schönen Tag!« oder »feiere einen schönen Tag!«; Hase+Welle = *WN* »existieren«, Tierfessel = *Tsch*, Suffixpronomen 2. Person Singular nach Verb, also »du«, zusammen: »du existierst«; Kopf im Profil+Strich = *TP* »auf«; Land+Strich+Deutzeichen: Land = *TA* »Erde«; zusammen: »du existierst auf der Erde«.

12. IRI-K AHAW QA NFR TP TA

»Du mögest eine lange und schöne Lebenszeit auf Erden verbringen!«

Auge+Mund = *IRI* »machen«, Henkelkorb = *K*, Suffixpronomen 2. Person Singular nach Verb, also »du«; zusammen: »du machst« bzw. »du verbringst« oder »du mögest verbringen«;
Mast+Arm+Wachtelküken = *AHAW*, Deutzeichen: Helligkeit, Zeit, also »Lebenszeit«;
Hügel+Schmutzgeier = *QA*, Deutzeichen: hoch, also »hoch, lang«;
Herz mit Luftröhre+Hornviper+Mund = NFR »schön«; zusammen: »eine lange und schöne Lebenszeit«;
Kopf im Profil+Strich = TP »auf«; Land+Strich+Deutzeichen: Land = TA »Erde«; zusammen: »auf Erden«.

13. SChMCh-IB MAA BW NFR ChBIT SchMA WRH M BAQ HNQT IRP IHW APDW T BNR.WT ICh.T NB.T NFR.T N KA-TschN

»Sich vergnügen, Schönes sehen, tanzen, singen, sich salben mit Behen-Öl, Bier und Wein, Rinder und Geflügel, Brot und Süßigkeiten und jede schöne Sache für euren Ka.«

Stoff+Brunnenschacht+Eule+Brunnenschacht+Herz+Strich = *SChmCh-IB* »das Herz erfreuen« oder »sich vergnügen«;
Auge+Sichel+Schmutzgeier+Schmutzgeier = *MAA* »sehen«;
Bein+Wachtelküken = *BW*, Deutzeichen: abstraktes Wort, also: Wort zur Bildung von Abstrakta; Herz mit Luftröhre+Hornviper+Mund = *NFR* »schön«; zusammen mit *BW* = »Schönes«; keine Angabe eines Handelnden, also Infinitiv; zusammen: »Schönes sehen«;
Brunnenschacht+Bein+Brot = *ChBIT*, Deutzeichen: tanzen, also »Tanzen« (Infinitiv); blühendes Riedgras+Arm = *SchMA*, Deutzeichen: Tätigkeit mit Kopf, also »Singen« (Infinitiv);

Schwalbe+Mund+Zopf = *WRH*, Deutzeichen: Salbe und Tätigkeit, also »sich salben«; Zeichen unbekannter Bedeutung = *M* »mit«; Bein+Sattelstorch+Hügel = *BAQ*, Deutzeichen: Baum+Salbe+drei Striche, also »Behen-Öl«; zusammen: »sich salben mit Behen-Öl«; Zopf+Hügel+Welle+Brot = *HNQT*, Deutzeichen: Gefäß+drei Striche, also »Bier«; Schilfrispe+Mund+Hocker = *IRP*, Deutzeichen: Weingefäße, also »Wein«; zusammen: »Bier (und) Wein«; Schilfrispe+Zopf = *IH*, Deutzeichen: Rind, drei Striche = Plural, also »Rinder«; Schmutzgeier+Hocker+Hand = *APD*, Deutzeichen: Vogel, drei Striche = Plural, also »Geflügel«; zusammen: »Rinder (und) Geflügel«; Brot = *T*, Deutzeichen: Brot, also »Brot«; Bein+Welle+Mund+Wurzel+Brot = *BNR.T*, Deutzeichen: Nahrungsmittel, drei Striche = Plural, also »Süßigkeiten«; zusammen: »Brot (und) Süßigkeiten«; Brunnenschacht+Brot = *Ch.T* »Sache«; Korb+Brot = *NB.T* »jede« (feminin); Herz mit Luftröhre+Hornviper+Mund+Brot = *NFR.T* »schöne« (feminin); zusammen: »jede schöne Sache«; Welle = *N* »für«; ausgebreitete Arme+Strich = *KA* »Ka«; Tierfessel+Welle+drei Striche = *TschN*, Suffixpronomen 2. Person Plural nach Substantiv, also »euer«; zusammen: »für euren Ka«.

14. SWR TCh NFR

»*Trinke das schöne Rauschgetränk!*«

Stoff+Schwalbe+Mund = *SWR*, Deutzeichen: Flüssigkeit und Tätigkeit mit Kopf, also »trinken«; keine Angabe eines Handelnden, also Imperativ »trinke!«;
Brot+Brunnenschacht = *TCh*, Deutzeichen: Gefäß und drei Striche, also »Rauschgetränk«; Herz mit Luftröhre +Hornviper+Mund = *NFR* »schön«; zusammen: »das schöne Rauschgetränk«.

15. WAH-K MI P.T DschD-K ANCh-K

»*Du mögest Bestand haben wie der Himmel, du mögest dauern, du mögest leben!*«

Faserbesen+Zopf = *WAH* »Bestand haben«; Henkelkorb = *K*, Suffixpronomen 2. Person Singular maskulin nach Verb, also »du«; zusammen: »du hast Bestand« oder »du mögest Bestand haben!«; Gefäß in Tragnetz+Schilfrispe = *MI* »wie«; Hocker+Brot = *P.T*, Deutzeichen: Himmel, also »Himmel«, zusammen: »du mögest Bestand haben wie der Himmel!«;

Dschedpfeiler = *DschD* »dauern«; Henkelkorb = *K*, Suffixpronomen 2. Person Singular maskulin nach Verb, also »du«; zusammen: »du dauerst« oder »du mögest dauern!«;

Sandalenriemen+Welle+Brunnenschacht = *ANCh* »leben«; Henkelkorb = *K*, Suffixpronomen 2. Person Singular maskulin nach Verb, also »du«; zusammen: »du lebst« oder »du mögest leben!«

Übung 12 (S. 99 f.)

17 Sätze aus der Lebensgeschichte des Sinuhe:

1. INK SchMSW NB-F

»Ich war ein Gefolgsmann seines Herrn.«
Gefäß+Henkelkorb = *INK*, allein stehendes Personalpronomen der 1. Person Singular, also »ich (bin)« oder »ich (war)«;
Fallbeil+Kringel = *SchMSW*, Deutzeichen: Mann, also »Gefolgsmann«; zusammen: »Ich war ein Gefolgsmann«;
Korb mit Strich = *NB* »Herr«, Hornviper = *F*, Suffixpronomen der 3. Person Singular nach Substantiv, also besitzanzeigend »sein«; zusammen: »sein Herr«.

2. GMI.N SW WPWTIW HR WAT

»Es fanden ihn die Boten auf dem Weg.« *(Die Boten fanden ihn auf dem Weg.)*
Sichler+Eule = *GMI* »finden«; Welle = *N*, nach Verb Anzeiger für Vergangenheit, also »fanden«;
Binse+Kringel = *SW*, abhängiges Personalpronomen 3. Person Singular, steht meistens im Akkusativ, also »ihn«;
Kuhgehörn+Hocker+Kringel+Adlerbussard = *WPWTIW*, Deutzeichen: Bewegung, also »Bote«, drei Striche = Plural, also »die Boten«;
Gesicht+Strich = *HR* »auf«;
Lasso+Schmutzgeier+Brot = *WA.T*, Deutzeichen: Weg, also »Weg«.

3. DMI.N-I INBW HQA

»Ich erreichte die Mauern des Herrschers.«
Hand+Gefäß in Tragnetz+Schilfrispe = *DMI*, Deutzeichen: Arm, also »erreichen«; Welle = *N*, nach Verb Anzeiger für Vergangen-

heit; sitzender Mann = *I*, Suffixpronomen 1. Person Singular nach
Verb, also »ich«; zusammen: »ich erreichte«;

eckige Mauer mit Zinnen = *INB* »Mauer«, drei Striche = Plural
INBW, also »die Mauern«;

Krummstab+Hügel = *HQA*, Deutzeichen: König, also »Herrscher«;

zwei direkt aufeinander folgende Substantive werden durch
den Genitiv verbunden, zusammen also: »die Mauern des Herrschers«.

4. FCh.N-I R KBN HSI.N-I R QDM

»Ich bewegte mich fort von Byblos, ich begab mich zum
Ostland.«

Hornviper+Brunnenschacht+Schlaufe = *FCh*, Deutzeichen:
Bewegung, also »sich bewegen«, Welle = *N*, nach Verb Anzeiger
für Vergangenheit, sitzender Mann = *I*, Personalpronomen
1. Person Singular nach Verb, also »ich«; zusammen: »ich bewegte mich«;

Mund = *R*, »weg von«;

Räuchergerät+Welle = *KBN*, Deutzeichen: fremdes Land,
also »Byblos«;

Zopf+hohes Gefäß+Riegel = *HSI*, Deutzeichen: Bewegung,
also »sich begeben«, Welle = *N*, nach Verb Anzeiger für Vergangenheit, sitzender Mann = *I*, angehängtes Personalpronomen
1. Person Singular nach Verb, also »ich«; zusammen: »ich begab
mich«;

Mund = *R*, »hin zu«;

Pfosten+Hand+Eule = *QDM*, Deutzeichen: fremdes Land, also
»Ostland«.

5. IRI.N=I RNP.T GS IM

»Ich verbrachte (machte) ein Jahr und die Hälfte
dort.«

Auge = *IRI* »machen«, Welle = *N*, nach Verb Anzeiger für
Vergangenheit,

sitzender Mann = *I*, angehängtes Personalpronomen
1. Person Singular nach Verb, also »ich«;

zusammen: »ich machte« oder »ich verbrachte«;

Palmrippe+Brot = *RNP.T* »Jahr«, Strich = Zahl »eins«, also »ein
Jahr«;

flaches Zeichen unbekannter Bedeutung+Strich = *GS* »Hälfte«,
also »ein Jahr und die Hälfte«;
Schilfrispe+Eule = *IM* »dort«.

6. BHA PDschTIW AWI-FI

»Die Bogenvölker fliehen vor seinen beiden Armen.«
Bein+Hofmauer+Schmutzgeier = *BHA*, Deutzeichen: Bewegung,
also »fliehen vor«;
Bogen+Stock = *PDschTI*, Deutzeichen: Mann, also »Bogenvolk«,
drei Striche = Plural *PDschTIW* »Bogenvölker«; zusammen: »die
Bogenvölker fliehen vor«;
Arm+Strich = *A* »Arm«, Wachtelküken+zwei Striche = Dual
(Zweizahl), also *AWI* »die beiden Arme«, Hornviper+zwei Striche
= *FI*, Personalpronomen 3. Person Dual nach Hauptwort, also be-
sitzanzeigend »seine«; zusammen: »seine beiden Arme«.

7. RDschI.N-F WI M HA.T ChRDW-F

»Er setzte mich an die Spitze seiner Kinder.«
Mund+Arm mit Brot = *RDschI* »geben«, Welle = *N*, nach Verben
Zusatz für Vergangenheit, Hornviper = *F*, angehängtes Personalpronomen 3. Person Singular nach Verb, also »er«; zusammen:
»er gab«;
Wachtelküken+sitzender Mann = *WI*, Personalpronomen
1. Person Singular, steht meistens im Akkusativ, also »mich«;
zusammen: »er gab mich« oder »er stellte mich«;
Eule = *M* »in« oder »an«, Löwenvorderteil+Brot+Strich = *HA.T*
»Spitze«; zusammen: »an die Spitze«;
Tierhaut+Mund+Hand = *ChRD*, Deutzeichen: Kind, also »Kind«,
drei Striche = Plural, also *ChRDW* »Kinder«, Hornviper = *F*, angehängtes Personalpronomen 3. Person Singular nach Substantiv,
also besitzanzeigend »sein«; zusammen: »seine Kinder«;
zwei aufeinander folgende Substantive werden durch den Genitiv
miteinander verbunden, zusammen heißt es also: »an die Spitze
seiner Kinder«.

8. MNI.N-F WI M SA.T-F WR.T

**»Er verband mich (verheiratete mich) mit seiner großen
Tochter.«**
Spielbrett+Welle+Schilfrispe = *MNI*, Deutzeichen: Pfahl (zum
Festbinden), also »verbinden«, Welle = *N*, nach Verben Anzeiger

für Vergangenheit, Hornviper = *F*, angehängtes Personalpronomen 3. Person Singular nach Verb, also »er«; zusammen: »er
verband«;

Wachtelküken+Mann = *WI*, Personalpronomen 1. Person Singular, steht meistens im Akkusativ, also »mich«; alles zusammen:
»er verband mich«;

Eule = *M* »mit«;

Spießente+Brot = *SA.T*, Deutzeichen: Frau, also »Tochter«, Hornviper = *F*, angehängtes Personalpronomen 3. Person Singular
nach Hauptwort, also besitzanzeigend »sein«; zusammen: »seine
Tochter«;

Schwalbe+Mund+Brot = *WR.T* »große«, steht als Adjektiv
hinter dem Substantiv, das es näher bestimmt, alles zusammen
also: »seine große Tochter«.

9. IAA RN-F

»Jaa ist sein Name.«

Schilfrispe+zwei Schmutzgeier = *IAA*, Deutzeichen: Blütenrispe
(Pflanzen) + fremdes Land (Ländername), also Name eines
fruchtbaren Landes »Jaa«;

Mund+Welle = *RN*, Deutzeichen: den Kopf betreffend,
also »Name«, Hornviper = *F*, angehängtes Personalpronomen
3. Person Singular nach Substantiv, also besitzanzeigend »sein«,
zusammen: »sein Name«.

10. MTschA.N-F WI M IMAM-I

»Er forderte mich heraus in meinem Zelt.«

Eule+piepsendes Küken+Schmutzgeier = *MTschA*, Deutzeichen:
den Kopf betreffend (denken, sprechen, essen), also
»herausfordern«; Welle = *N*, nach Verben Anzeiger für
Vergangenheit, Hornviper = *F*, angehängtes Personalpronomen
3. Person Singular nach Verb, also »er«; zusammen: »er forderte
heraus«;

Wachtelküken+Mann = *WI*, Personalpronomen 1. Person Singular, steht meistens im Akkusativ, also »mich«; alles zusammen:
»er forderte mich heraus«;

Eule = *M* »in«;

Schilfrispe+Sichel+Schmutzgeier+Eule = *IMAM*,
Deutzeichen: Gebäude, also »Zelt«,
sitzender Mann = angehängtes Personalpronomen 1. Person

Singular nach Substantiv, also besitzanzeigend »mein«; zusammen: »mein Zelt«.

11. ChAM.N-F WI ST.N-I SW

»Er näherte sich mir und ich erschoss ihn.«
Aufgehende Sonne+Arm+Eule = *ChAM*,
Deutzeichen: Bewegung, also »sich nähern«, Welle = *N*,
nach Verben Anzeiger für Vergangenheit, Hornviper = *F*,
angehängtes Personalpronomen 3. Person Singular nach Verb,
also »er«; zusammen: »er näherte sich«;
Wachtelküken+Mann = Personalpronomen 1. Person Singular,
steht meist im Akkusativ oder Dativ, hier also »mir«; zusammen:
»er näherte sich mir«;
Stoff+Brot+Pfeil in Tierfell = *ST* »erschießen«, Welle = *N*, nach
Verben Anzeiger für Vergangenheit, Mann = *I*, angehängtes Personalpronomen 1. Person Singular nach Verb, also »ich«; zusammen: »ich erschoss«;
Binse+Kringel = *SW*, Personalpronomen 3. Person Singular, steht
meist im Akkusativ, also »ihn«; alles zusammen: »ich erschoss
ihn«.

12. WDI.N-I ISchNN-I HR IA.T-F

»Ich stieß meinen Kriegsschrei aus auf seinem Rücken.«
Wachtelküken+Hand+Kreuz = *WDI*, Deutzeichen: den Kopf
betreffend (denken, sprechen, essen), also »(Schrei) ausstoßen«;
Welle = *N*, nach Verben Anzeiger für Vergangenheit;
Mann = *I*, angehängtes Personalpronomen 1. Person Singular
nach Verb, also »ich«;
zusammen: »ich stieß aus«;
Schilfrispe+Schlaufe+zwei Wellen = *ISchNN*, Deutzeichen: den
Kopf betreffend, also »Kriegsschrei«, Mann = I, angehängtes Personalpronomen 1. Person Singular nach Substantiv, also
besitzanzeigend »mein«; zusammen: »mein Kriegsschrei«;
zusammen mit dem Verb: »ich stieß meinen Kriegsschrei aus«;
Gesicht+Strich = *HR*, also »auf«;
Rippen+Brot+Strich = *IA.T* »Rücken«, Hornviper = *F*, angehängtes Personalpronomen 3. Person Singular nach Substantiv,
also besitzanzeigend »sein«;
zusammen: »auf seinem Rücken«.

13. WI M NBW

»Die Mumienmaske ist aus Gold.«

Wachtelküken+Schilfrispe = *WI*,

Deutzeichen: Mumie,

also »die Mumienmaske«;

Eule = *M* »aus«;

Halskragen+Punkt+drei Striche = NBW, also »Gold«.

14. SchMAWW ChR HA.T-K

»Die Sänger sind vor dir.«

Blühendes Riedgras+Arm+Wachtelküken = *SchMAW*, Deutzeichen: etwas, das den Kopf betrifft und Mann,

also »Sänger«; drei Striche = Mehrzahl, also »die Sänger«;

Hackklotz+Mund = *ChR* »unter«;

Löwenvorderteil+Brot+Strich = *HA.T* »Anfang«,

Henkelkorb = *K*, angehängtes Personalpronomen 2. Person Singular nach Substantiv, also besitzanzeigend »dein«;

zusammen »dein Anfang«;

alles zusammen: »unter deinem Anfang«, im übertragenen Sinn »vor dir«.

15. BAK N AH SA-NHT DschD-F M HTP.T NFR.T WR.T

»Der Diener des Palastes Sinuhe, er sagt: In sehr schönem Frieden!«

Sattelstorch+Henkelkorb = *BAK* »der Diener«;

Palast+Arm = *AH*, Deutzeichen: Gebäude, also »Palast«;

dazwischen Welle = *N*, *N* zwischen zwei Substantiven = Anzeige für den Genitiv; zusammen also: »der Diener des Palastes«;

Spießente+Welle+Hofmauer+Brot+Baum mit Ast: *SA-NHT*, Deutzeichen: Mann, also der Name *SA-NHT* »Sinuhe«;

Kobra+Hand = *DschD* »sagen«, Hornviper = *F*,

angehängtes Personalpronomen 3. Person Singular nach Verb, also »er«; zusammen: »er sagt«;

Eule = *M* »in«;

Matte mit Brot+Brot+Hocker+Brot = *HTP.T*,

Deutzeichen: abstraktes Wort, also »Frieden«;

Herz mit Luftröhre+Hornviper+Mund+Brot = *NFR.T* »schön«,

Adjektiv, das sich auf »Frieden« bezieht, da es hinter diesem Substantiv steht und ebenfalls feminin ist;

Schwalbe+Mund+Brot = *WR.T* »groß« oder »sehr«, bezieht sich ebenfalls auf Frieden; alles zusammen: »in sehr schönem Frieden«.

16. *HDB.N-I HR WAW.T-HR*

»Ich hielt (rastete) auf den Horuswegen.«

Zopf+Hand+Bein = *HDB*, Deutzeichen: Bewegung, also »rasten«; Welle = *N*, nach Verben Anzeiger für Vergangenheit; sitzender Mann = *I*, angehängtes Personalpronomen 1. Person Singular nach Verb, also »ich«; zusammen: »ich rastete«;

Gesicht+Strich = *HR* »auf«;

Falke = *HR* »Horus«, Weg+Brot+Strich = *WA.T* »die Wege«, Deutzeichen: fremdes Land, drei Striche für Plural, also *WAW.T HR* (Göttername aus Ehrfurcht vorangestellt); zwei aufeinander folgende Substantive sind durch den Genitiv miteinander verbunden, zusammen heißt es daher: »die Wege des Horus«.

17. *GMI.N-I HM-F HR S.T WR.T*

»Ich fand Seine Majestät auf dem großen Thron.«

Sichler+Eule = *GMI* »finden«, Welle = *N*, nach Verben Anzeiger für Vergangenheit, sitzender Mann = *I*, angehängtes Personalpronomen 1. Person Singular nach Verb, also »ich«; zusammen: »ich fand«;

Wäscheschlägel+Strich = *HM* »Majestät«, Hornviper = *F*, angehängtes Personalpronomen 3. Person Singular nach Substantiv, also besitzanzeigend »sein«; zusammen: »Seine Majestät«;

Gesicht+Strich = *HR* »auf«;

Thronsitz+Brot+Strich = *S.T*, Deutzeichen: Gebäude, also »Thron«;

Schwalbe+Mund+Brot = *WR.T* »groß«, bezieht sich auf Thron, da es feminin ist und hinter dem zugehörigen Substantiv steht; zusammen also: »auf dem großen Thron«.

Wörterverzeichnis
Ägyptisch – Deutsch

	A	Arm
	AA	groß
	AA	Türflügel
	ABDschW	Abydos (Name einer Stadt)
	AFDsch.T	Truhe
	AH	Palast
	AHAW	Lebenszeit
	ALKSNDRS	Alexandros (Name eines Königs)
	ANCh	Leben; leben
	ANCh.T	Ziege
	APD	Geflügel
	ARJ.T	Türpfosten
	ASch	rufen

	ASchA	zahlreich
	ATsch.T	Bett
	BAK	Diener
	BAK.T	Dienerin
	BAQ	Behen-Öl
	BAS	Salbgefäß
	BAST.T	Bastet (Name einer Göttin)
	BHA	fliehen vor
	BIN	schlecht, böse
	BNRW.T	Süßigkeiten
	BW	(zur Bildung abstrakter Wörter)
	ChAM	sich nähern
	ChAS.T	Fremdland
	ChBI	tanzen
	ChFT	gegenüber, vor

	ChNSW	Chons (Name eines Gottes)
	ChPR	werden, entstehen
	ChR	unter
	ChRD	Kind
	ChRW	Stimme
	Ch.T	Leib
	ChWFW	Cheops (Name eines Königs)
	DAB	Feige
	DMI	erreichen
	DschD	sagen
	DschD	dauern
	DschHWTI	Toth (Name eines Gottes)
	DschHWTI-MS	Tuthmosis (Name eines Königs)
	DschSR	heilig
	DschW	Berg

	-F	er, sein (Suffixpronomen)
	FCh	sich bewegen, sich entfernen
	FNDsch	Nase
	FNCh	Schreiner
	GHS	Dorkasgazelle
	GMI	finden
	GR	schweigen
	GS	Hälfte
	GS	Schuster
	HAPI	Nil
	HA.T	Vorderteil, Spitze, Anfang
	HATI-A	Bürgermeister, Präfekt, Gaufürst
	HDB	halten, rasten
	HM	Majestät
	HM	Diener

	HM-NTschR	Priester
	HMSI	sitzen, sich setzen
	HM.T	Dienerin
	HM.T-NTschR	Priesterin
	HM.T	Ehefrau
	HM.T	Drillbohrer; Handwerk, Kunstfertigkeit
	HMWW	Handwerker, Künstler
	HNA	zusammen mit
	HNK	schenken
	HNQ.T	Bier
	HNW.T	Herrscherin
	HQA	Herrscher
	HR	Horus (Name eines Gottes)
	HR	auf
	HRW	Tag

	HSI	sich begeben
	HTP	Opfer
	HTP.T	Frieden
	HWI	schlagen
	HWN	Kindheit
	HW.T	Tempel
	HW.T-HR	Hathor (Name einer Göttin)
	-I	ich, mein (Suffixpronomen)
	IAA	Jaa (Name eines Landes)
	IAH	Iah (Name eines Gottes); Mond
	IAH-MS	Ahmose (Name eines Königs)
	IARR.T	Traube
	IA.T	Rücken
	ICh.T	Sache, Ding
	IH	Rind; Stier

	IM	dort
	IMAM	Zelt
	IMN	Amun (Name eines Gottes)
	IMN-HTP	Amenophis (Name eines Königs)
	IMN-M-HA.T	Amenemhet (Name eines Königs)
	IN	seitens, durch
	INB	Mauer
	INHMN	Granatapfel
	INI	bringen
	INK	ich
	INN	wir
	INPW	Anubis (Name eines Gottes)
	IN.T	Nilbarsch
	IQR	vorzüglich, tüchtig, erfolgreich
	IRI	machen, tun

	IRP	Wein
	IR.T	Auge
	ISF.T	Sünde
	IS.T	Isis (Name einer Göttin)
	ISchNN	Kriegsschrei
	ITM	Atum (Name eines Gottes)
	IT	Vater
	ITRW	Fluss
	IWA	Langhornrind
	JI	kommen
	-K	du, dein (maskulin, Suffixpronomen)
	KA	Ka-Seele
	KA	Stier
	KANW	Gärtner
	KBN	Byblos (Name einer Stadt in Palästina)

	KM.T	Ägypten
	M	in; mit; aus; nämlich
	MAA	sehen
	MAA	wahr
	MAA-ChRW	gerechtfertigt (»wahr an Stimme«)
	M-ChNW	inmitten, in
	M-ChT	nachdem
	MDschHW	Tischler, Zimmermann
	MI	wie
	MNCh.T	Gewand
	MNI	verbinden
	MNTschW	Month (Name eines Gottes)
	MNTschW-HTP	Mentuhotep (Name eines Königs)
	MNW.T	Taube
	MRI	lieben

	MR-N-RA	Merenre (Name eines Königs)
	MTschA	herausfordern
	MW.T	Mutter
	MW.T	Mut (Name einer Göttin)
	N	des (Anzeiger des Genitivs bei maskulinen Wörtern im Singular); für
	-N/N	wir, unser (Suffixpronomen); uns (Pronomen, meist Dativ oder Akkusativ)
	NB	jeder, alle
	NB	Herr
	NBJ	Metallgießer
	NB.T	Herrin
	NBW	Gold
	NChB.T	Nechbet (Name einer Göttin)
	NChT	Kraft, Stärke; stark
	NDschM	süß, angenehm
	NDschS	klein, gering

NFR	gut, schön, vollkommen
NFR-IR-KA-RA	Neferirkare (Name eines Königs)
NFR-TM	Nefertem (Name eines Gottes)
NIA	Steinbock
NIW.T	Stadt
NMI	gehen, reisen
NSWT	König
NSchDJ	Juwelier
N.T	der (Anzeiger des Genitivs bei femininen Wörtern im Singular)
NTF	er
NTK	du (maskulin)
NTS	sie (Singular)
NTSN	sie (Plural)
NTTsch	du (feminin)
NTTschN	ihr

	NTschR	Gott
	NTschR.T	Göttin
	NW	der (Anzeiger des Genitivs bei maskulinen Wörtern im Plural)
	NW.T	der (Anzeiger des Genitivs bei femininen Wörtern im Plural)
	NW.T	Nut (Name einer Göttin)
	PDschTIW	Bogenvölker
	PHDschW	Stuhl
	PN	dieser
	PPJ	Pepi (Name eines Königs)
	PR	Haus
	PRI	herauskommen
	P.T	Himmel
	PTH	Ptah (Name eines Gottes)
	PTOLMJS	Ptolemaios (Name eines Königs)
	PWN.T	Punt (Name eines Landes)

	QA	lang, hoch
	QD HNW	Töpfer
	QDM	Ostland
	QDW	Maurer
	QFNW.T	Bäckerin
	QLIOPADRA	Kleopatra (Name einer Königin)
	QRSW	Sarg
	QSTI	Bildhauer
	R	weg von; hin zu, in Richtung auf; um zu
	RA	Re (Name eines Gottes); Sonne
	RA-MS-SW	Ramses (Name eines Königs)
	RCh	kennen, erfahren
	RChTI	Wäscher
	RDschI	geben
	RN	Name

	RN	Jungtier
	RNP.T	Jahr
	RNPW.T	frische Blumen (in Form eines Blumenstraußes)
	RRM.T	Mandragorafrucht
	RSI	südlich
	RTschNW	Palästina (Name eines Landes)
	S	Mann
	-S	sie, ihr (Singular, Suffixpronomen)
	SA	Sohn
	SA-IMN	Siamun (Name eines Königs)
	SA-NHT	Sinuhe (Name eines Mannes)
	SAR	überreichen, übergeben
	SA.T	Tochter
	SBK-HTP	Sebekhotep (Name eines Königs)
	SChA.T	Hase

	SChMCh-IB	sich erfreuen, sich vergnügen
	SChM.T	Sachmet (Name einer Göttin)
	SChR	Plan, Absicht
	SCh.T	Feld
	SChTI	Bauer
	SChTI	Weber
	SDschM	hören
	SI	ihr; sie (Pronomen, meist im Dativ oder Akkusativ)
	SKR	Sokar (Name eines Gottes)
	SMR	Freund
	SMR.T	Freundin
	SN	Bruder
	-SN	sie, ihr (Plural, Suffixpronomen)
	SN	ihnen; sie (Pronomen, meist im Dativ oder Akkusativ)
	SNB	gesund

	SNFRW	Snofru (Name eines Königs)
	SN.T	Schwester
	SR	Graugans
	SRQ.T	Selket (Name einer Göttin)
	SSch	Schreiber
	SSch QDW.T	Maler, Zeichner
	SSchA.T	Seschat (Name einer Göttin)
	SSchN	Lotosblume
	SSch.T	Schreiberin
	ST	schießen, erschießen
	S.T	Frau
	S.T	Spießente
	ST	ihr; sie (Pronomen, meist im Dativ oder Akkusativ)
	S.T	Thron
	S.T-MAAT	Set-Maat = Deir el-Medineh (Name eines Ortes)

	SW	ihm; ihn (Pronomen, meist im Dativ oder Akkusativ)
	SWR	trinken
	SchM	gehen
	SchMA	singen
	SchMAW	Sänger
	SchMSW	Gefolgsmann
	SchS	Alabaster, Alabastergefäß
	SchW	Schu (Name eines Gottes)
	SchW	Licht
	T	Brot
	TA	Land, Erdoberfläche
	TAHARQA	Taharqa (Name eines Königs)
	TCh	Rauschgetränk
	TP	auf
	TP.T	feinstes Salböl

	-Tsch	du, dein (feminin, Suffixpronomen)
	TschBW	Sandale
	TschN	dir; dich (feminin, Pronomen, meist im Dativ oder Akkusativ)
	-TschN	ihr, euer (Suffixpronomen)
	TschN	euch (Pronomen, meist im Dativ oder Akkusativ)
	TschRP	Blässgans
	TschS	umbinden, anlegen
	TschW	dir; dich (maskulin, Pronomen, meist im Dativ oder Akkusativ)
	TWT	Bild, Abbild, Statue
	TWT-ANCh-IMN	Tutanchamun (Name eines Königs)
	WAB	rein
	WADsch	grün, jung, frisch
	WADsch	Papyruspflanze
	WADschJ.T	Wadschet (Name einer Göttin)
	WADsch WR	Meer

	WAH	beständig sein
	WAH	Kranz
	WAS.T	Waset = Theben (Name einer Stadt)
	WA.T	Weg
	WDI	(Schrei) ausstoßen, schreien
	WHA	brechen
	WHA	Fischer
	WI	mir; mich (Pronomen, meist im Dativ oder Akkusativ)
	WI	Mumienmaske
	WN	sein, existieren
	WN	öffnen
	WNM	essen
	WNW.T	Stunde
	WP-WAW.T	Upuaut (Name eines Gottes)
	WPWTIW	Boten

	WR	groß; sehr
	WRH	salben, sich salben, Salböl auftragen
	WSCh	Kette
	WSIR	Osiris (Name eines Gottes)
	WSchB	antworten
	WSTschN	schreiten

Wörterverzeichnis
Deutsch – Ägyptisch

Deutsch	Ägyptisch	Umschrift
Abbild, Bild		*TW.T*
Absicht, Plan		*SChR*
Abydos (Name einer Stadt)		*ABDschW*
Ägypten		*KM.T*
Ahmose (Name eines Königs)		*IAH-MS*
Alabaster (eine Steinart); Alabastergefäß		*SchS*
Alexandros (Name eines Königs)		*ALKSNDRS*
Amenemhet (Name eines Königs)		*IMN-M-HA.T*
Amenophis (Name eines Königs)		*IMN-HTP*
Amun (Name eines Gottes)		*IMN*
Anfang		*HA.T*
angenehm		*NDschM*
antworten		*WSchB*

Anubis (Name eines Gottes)		*INPW*
Arm		*A*
Atum (Name eines Gottes)		*ITM*
auf		*HR / TP*
Auge		*IR.T*
aus		*M*
ausstoßen (Schrei)		*WDI*
Bäckerin		*QFNW.T*
Bastet (Name einer Göttin)		*BAST.T*
Bauer		*SChTI*
begeben, sich begeben		*HSI*
Behen-Öl		*BAQ*
Berg		*DschW*
beständig sein		*WAH*
Bett		*ATsch.T*

bewegen, sich bewegen		*FCh*
Bier		*HNQ.T*
Bildhauer		*QSTI*
(zur Bildung abstrakter Wörter)		*BW*
Blumen (frische), Blumenstrauß		*RNPW.T*
Bogenvölker		*PDschTIW*
böse		*BIN*
Boten		*WPWTIW*
brechen		*WHA*
Brot		*T*
Bruder		*SN*
Bürgermeister		*HATI-A*
Byblos (Name einer Stadt in Palästina)		*KBN*
Cheops (Name eines Königs)		*ChWFW*
Chons (Name eines Gottes)		*ChNSW*

dauern		Dsch D
dein (maskulin, Suffixpronomen)		-K
dein (feminin, Suffixpronomen)		-Tsch
Deir el-Medineh (Name eines Ortes)		S.T-MAA.T
des (Anzeiger des Genitivs bei maskulinen Wörtern im Singular)		N
der (Anzeiger des Genitivs bei maskulinen Wörtern im Plural)		NW
der (Anzeiger des Genitivs bei femininen Wörtern im Singular)		N.T
der (Anzeiger des Genitivs bei femininen Wörtern im Plural)		NW.T
dich (maskulin, Pronomen im Akkusativ)		TschW
dich (feminin, Pronomen im Akkusativ)		TschN
Diener		BAK / HM
Dienerin		BAK.T / HM.T
dieser		PN
Ding		ICh.T
dir (maskulin, Pronomen im Dativ)		TschW

dir (feminin, Pronomen im Dativ)		TschN
dort		IM
Drillbohrer		HM.T
du (maskulin)		NTK
du (maskulin, Suffixpronomen)		-K
du (feminin, Pronomen)		NTTsch
du (feminin, Suffixpronomen)		-Tsch
durch		IN
Ehefrau		HM.T
Ente (Spießente)		S.T
entfernen, sich entfernen		FCh
entstehen		ChPR
er (Pronomen)		NTF
er (Suffixpronomen)		-F
erfahren		RCh

erfolgreich		*IQR*
erfreuen, sich erfreuen		*SChMCh-IB*
erreichen		*DMI*
erschießen, schießen		*ST*
essen		*WNM*
euch (Pronomen im Dativ oder Akkusativ)		*TschN*
euer (Suffixpronomen)		*-TschN*
existieren		*WN*
Feige		*DAB*
Feld		*SCh.T*
finden		*GMI*
Fischer		*WHA*
fliehen vor		*BHA*
Fluss		*ITRW*
Frau		*S.T*

Fremdland		ChAS.T
Freund		SMR
Freundin		SMR.T
Frieden		HTP.T
frisch		WADsch
Gans (Blässgans)		TschRP
Gans (Graugans)		SR
Gärtner		KANW
Gazelle (Dorkasgazelle)		GHS
geben		RDschI
Geflügel		APD
Gefolgsmann		SchMSW
gegenüber		ChFT
gehen		NMI
gehen		SchM

gering		*NDschS*
gesund		*SNB*
Gewand		*MNCh.T*
Gold		*NBW*
Gott		*NTschR*
Göttin		*NTschR.T*
Granatapfel		*INHMN*
groß		*AA / WR*
grün		*WADsch*
gut		*NFR*
Hälfte		*GS*
halten		*HDB*
Handwerk, Kunstfertigkeit		*HM.T*
Handwerker, Künstler		*HMWW*
Hase		*SChA.T*

Hathor (Name einer Göttin)		*HW.T-HR*
Haus		*PR*
heilig		*DschSR*
herausfordern		*MTschA*
herauskommen		*PRI*
Herr		*NB*
Herrin		*NB.T*
Herrscher		*HQA*
Herrscherin		*HNW.T*
Himmel		*P.T*
hin zu		*R*
hoch		*QA*
hören		*SDschM*
Horus (Name eines Gottes)		*HR*
Iah (Name eines Gottes)		*IAH*

ich (Pronomen)		*INK*
ich (Suffixpronomen)		*-I*
ihm, ihn (Pronomen im Dativ oder Akkusativ)		*SW*
ihnen (Pronomen im Dativ)		*SN*
ihr (Pronomen im Dativ, Singular)		*ST/SI*
ihr (Suffixpronomen, Singular)		*-S*
ihr (Suffixpronomen, Plural)		*-SN*
ihr (Pronomen, Plural)		*NTTschN*
in		*M*
inmitten, in		*M-ChNW*
in Richtung auf		*R*
Isis (Name einer Göttin)		*IS.T*
Jaa (Name eines Landes)		*IAA*
Jahr		*RNP.T*
jeder, alle		*NB*

Jungtier		*RN*
Juwelier		*NSchDJ*
Ka-Seele		*KA*
kennen		*RCh*
Kette		*WSCh*
Kind		*ChRD*
Kindheit		*HWN*
klein		*NDschS*
Kleopatra (Name einer Königin)		*QLIOPADRA*
kommen		*JI*
König		*NSWT*
Kraft		*NChT*
Kranz		*WAH*
Kriegsschrei		*ISchNN*
Land		*TA*

lang		*QA*
Langhornrind		*IWA*
leben		*ANCh*
Leben		*ANCh*
Lebenszeit		*AHAW*
Leib		*Ch.T*
Licht		*SchW*
lieben		*MRI*
Lotosblume		*SSchN*
machen		*IRI*
Majestät		*HM*
Maler, Zeichner		*SSch QDW.T*
Mandragorafrucht		*RRM.T*
Mann		*S*
Mauer		*INB*

Maurer		QDW
Meer		WADsch WR
mein (Suffixpronomen)		-I
Mentuhotep (Name eines Königs)		MNTschW-HTP
Merenre (Name eines Königs)		MR-N-RA
Metallgießer		NBJ
mich; mir (Pronomen im Akkusativ oder Dativ)		WI
mit		M
mit, zusammen mit		HNA
Mond		IAH
Month (Name eines Gottes)		MNTschW
Mumienmaske		WI
Mut (Name einer Göttin)		MW.T
Mutter		MW.T
nachdem		M-ChT

nähern, sich nähern		*ChAM*
Name		*RN*
Nase		*FNDsch*
Nechbet (Name einer Göttin)		*NChB.T*
Neferirkare (Name eines Königs)		*NFR-IR-KA-RA*
Nefertem (Name eines Gottes)		*NFR-TM*
Nil		*HAPI*
Nilbarsch		*IN.T*
Nut (Name einer Göttin)		*NW.T*
öffnen		*WN*
Opfer		*HTP*
Osiris (Name eines Gottes)		*WSIR*
Ostland		*QDM*
Palast		*AH*
Palästina (Name eines Landes)		*RTschNW*

Papyruspflanze		WADsch
Pepi (Name eines Königs)		PPJ
Priester		HM-NTschR
Priesterin		HM.T-NTschR
Ptah (Name eines Gottes)		PTH
Ptolemaios (Name eines Königs)		PTOLMJS
Punt (Name eines Landes)		PWN.T
Ramses (Name eines Königs)		RA-MS-SW
rasten		HDB
Rauschgetränk		TCh
Re (Name eines Gottes)		RA
rein		WAB
reisen		NMI
Rind		IH
Rücken		IA.T

rufen		*ASch*
Sache		*ICh.T*
Sachmet (Name einer Göttin)		*SChM.T*
sagen		*DschD*
salben, sich salben		*WRH*
Salbgefäß		*BAS*
Salböl, feinstes		*TP.T*
Sandale		*TschBW*
Sänger		*SchMAW*
Sarg		*QRSW*
schenken		*HNK*
schlagen		*HWI*
schlecht		*BIN*
schön		*NFR*
Schreiber		*SSch*

Schreiberin		**SSch.T**
schreien		**WDI**
Schreiner		**FNCh**
schreiten		**WSTschN**
Schu (Name eines Gottes)		**SchW**
Schuster		**GS**
schweigen		**GR**
Schwester		**SN.T**
Sebekhotep (Name eines Königs)		**SBK-HTP**
sehen		**MAA**
sehr		**WR**
sein		**WN**
sein (Suffixpronomen)		**-F**
seitens		**IN**
Selket (Name einer Göttin)		**SRQ.T**

Seschat (Name einer Göttin)		SSchA.T
Siamun (Name eines Königs)		SA-IMN
sie (Pronomen, Singular)		NTS
sie (Pronomen im Akkusativ, Singular)		ST/SI
sie (Suffixpronomen, Singular)		-S
sie (Pronomen, Plural)		NTSN
sie (Pronomen im Akkusativ, Plural)		SN
sie (Suffixpronomen, Plural)		-SN
singen		SchMA
Sinuhe (Name eines Mannes)		SA-NHT
sitzen, sich setzen		HMSI
Snofru (Name eines Königs)		SNFRW
Sohn		SA
Sokar (Name eines Gottes)		SKR
Sonne		RA

Stadt		*NIW.T*
stark; Stärke		*NChT*
Statue		*TWT*
Steinbock		*NIA*
Stier		*IH / KA*
Stimme		*ChRW*
Stuhl		*PHDschW*
Stunde		*WNW.T*
südlich		*RSI*
Sünde		*ISF.T*
süß		*NDschM*
Süßigkeiten		*BNRW.T*
Tag		*HRW*
Taube (Turteltaube)		*MNW.T*
Taharqa (Name eines Königs)		*TAHARQA*

tanzen		*ChBI*
Tempel		*HW.T*
Theben = Waset (Name einer Stadt)		*WAS.T*
Thron		*S.T*
Tischler		*MDschHW*
Tochter		*SA.T*
Töpfer		*QD HNW*
Toth (Name eines Gottes)		*DschHWTI*
Traube		*IARR.T*
trinken		*SWR*
Truhe		*AFDsch.T*
tüchtig		*IQR*
tun		*IRI*
Türflügel		*AA*
Türpfosten		*ARJ.T*

German		Transliteration
Tutanchamun (Name eines Königs)		TWT-ANCh-IMN
Tuthmosis (Name eines Königs)		DschHWTI-MS
überreichen		SAR
umbinden		TschS
uns (Pronomen im Dativ oder Akkusativ, Plural)		N
unser (Suffixpronomen)		-N
unter		ChR
Upuaut (Name eines Gottes)		WP-WAW.T
Vater		IT
verbinden		MNI
vollkommen		NFR
vor		ChFT
Vorderteil		HA.T
vorzüglich		IQR
Wadschet (Name einer Göttin)		WADschJ.T

wahr		*MAA*
Wäscher		*RChTI*
Weber		*SChTI*
Weg		*WA.T*
weg von		*R*
Wein		*IRP*
werden		*ChPR*
wie		*MI*
wir (Pronomen)		*INN*
wir (Suffixpronomen)		*-N*
zahlreich		*ASchA*
Zelt		*IMAM*
Ziege		*ANCh.T*

180

Zeichenliste

Götter und Menschen sowie
Körperteile von Menschen

	Deutzeichen »Frau«, »Göttin«	sitzende Frau
	Deutzeichen »Mann«	sitzender Mann
	Deutzeichen »denken, sprechen«	sitzender Mann mit Hand am Kopf
	Deutzeichen »sitzen«	am Boden hockender Mann
	Deutzeichen »König«	sitzender König
	Deutzeichen »Gott«	sitzender Gott
	Zahl 1.000.000	sitzender Gott mit erhobenen Armen und Rispe auf dem Kopf
	Deutzeichen »Kind«	sitzendes Kind mit Hand am Mund
	Deutzeichen »groß, weit, lang«	stehender Mann mit erhobenen Armen
	Deutzeichen »tanzen, hüpfen«	tanzender Mann
	Deutzeichen »Mumie, Mumienmaske, Statue«	aufrecht stehende Mumie
	HR	Gesicht von vorn
	TP	Kopf von der Seite

	Deutzeichen »Nase, Gesicht, riechen«	Teil des Gesichts mit Nase, Wange und Auge
	IR; Deutzeichen »sehen«	Auge
	R	Mund
	KA	ausgebreitete Arme
	ChN	rudernde Arme
	A	Arm
	DschI	Arm, in der Hand ein Brot
	Deutzeichen »anbieten, übergeben«	Arm, in der Hand ein Gefäß
	Deutzeichen »Kraft, Handlung«	Arm mit Stock
	Deutzeichen »aufhören einer Bewegung«	Arm mit Handfläche nach unten
	D	ausgestreckte Hand
	Zahl 10.000	Finger
	Deutzeichen »Bewegung«	laufende Beine
	B	Bein
	WAB; Deutzeichen »rein sein«	Bein mit kugeligem Gefäß, aus dem Wasser fließt

Säugetiere und Körperteile von Säugetieren

	KA, **IH**	Stier
	RW, auch **L** (in Fremd-wörtern)	liegender Löwe
	WN	liegender Hase
	Abk. für **IH**	Kopf eines Rindes
	HA.T	Vorderteil eines Löwen
	WSR	Kopf und Hals eines Schakals
	WP	Hörner eines Rindes
	SDschM	Ohr eines Rindes
	NS	Zunge eines Rindes
	ChN	Tierbalg
	Deutzeichen »Säugetier«	Fellstück mit Schwanz
	ST	von einem Pfeil durchbohrtes Tierfell
	MS	drei zusammengebundene Fuchsfelle
	Ch	Kuhfell

♁	*IB*	Herz eines Rindes
♁	*NFR*	Herz und Luftröhre eines Rindes
♁	*SMA*	Lunge und Luftröhre eines Rindes
♁	*IAT*	Rückgrat und Rippen
♁	*AW*	Wirbel mit zwei herabhängenden Enden
♁	*IMACh*	Wirbel mit einem herabhängenden Ende

Vögel und Teile von Vögeln

♁	*A*	Schmutzgeier
♁	*MT*	Gänsegeier
♁	*HR*	Falke
♁	*TIW*	Adlerbussard
♁	*M*	Schleiereule
♁	*SA;* Deutzeichen »Vogel«	Spießente
♁	*PA*	fliegende Spießente
♁	*TschA*	piepsendes Küken

	W, auch *U*	Wachtelküken
	WR	Schwalbe
	Deutzeichen »klein, schwach«	Sperling
	DschHWTI	Ibis
	BA	Sattelstorch mit vorstehenden Brustfedern
	GM	Sichler mit langem, gebogenem Schnabel
	ACh	Waldrapp mit buschigem Schopf
	Abk. für *APD*	Kopf einer Spießente
	SchW, auch *MAA*	oben eingerollte Straußenfeder
	IMN.T	Straußenfeder auf Halbkreis mit zwei Strichen

Fische, Reptilien, Insekten

	IN	Nilbarsch
	F	Hornviper
	Dsch	springende Kobra
	KM	Schwanz eines Krokodils

	ASchA	Mauergecko
	Zahl 100.000	Kaulquappe
	BIT	Biene
	ChPR	Mistkäfer
	SRQ.T	Skorpion

Pflanzen

	I, auch E (in Fremdwörtern)	Blütenrispe des Schilfgrases
	J	zwei Schilf-Blütenrispen
	JI	Blütenrispe des Schilfgrases mit Beinen
	SCh.T	drei Schilfgras-Blütenrispen
	IS	Schilfbündel
	WADsch	Papyrusstängel mit Blütendolde
	HA	Büschel Papyrusstängel
	ChA; Zahl 1000	Lotosblatt
	Deutzeichen »Blume, Lotosblume«	Lotosblüte

	RNP.T	Palmrippe
	NChB	Binse mit Seitentrieben
	SW	Pflanze mit doppelten Seitentrieben
	RS	Pflanze mit doppelten Seitentrieben auf kleinem Mund
	SchMA	blühendes Riedgras
	DschR	zusammengebundenes Bündel Flachs
	HN; Deutzeichen »Pflanze, Blume«	Blütenrispe
	NDschM, Deutzeichen »süß, angenehm«	Schote
	BNR	Wurzel
	ChT; Deutzeichen »Holz«	Ast
	IM, IAM; Deutzeichen »Baum«	Baum
	Deutzeichen »Wein, Früchte«	Weinstock mit Trauben

Erde, Himmel, Wasser

	TA	Land mit drei Sandkörnern darunter
	Deutzeichen »Land, Boden«	Stück Land

Q	*Q*	Hügel
	DschW	zwei Sandberge
	ChAS.T; Deutzeichen »Ausland, Wüste«	drei Sandberge
	ChA	Sonnenaufgang hinter einem Hügel
	WAT	Weg mit Büschen am Rand
	PT; Deutzeichen »Himmel, oben«	Himmel auf Stützen
	RA; Deutzeichen »Helligkeit, Zeit«	Sonne
	IAH	Mondsichel
	N	Welle
	Deutzeichen »Wasser, Flüssigkeit«	drei Wellen
	Sch	rechteckiger Teich
	SchM	laufende Beine unter Teich
	MR; Deutzeichen »Flussname«	Kanal
	SchA	Teich mit Lotosblumen
	HM	Brunnen

	Ch	Brunnenschacht

Gebäude, Gebäudeteile und Möbel

	H	Hofmauer
	PR	Hausgrundriss
	HWT	Gebäude in einem großen Hof
	AH	stilisierte Ansicht eines Palastes
	NIW.T; Deutzeichen »Ort, Städtename«	Stadt mit Stadtmauer und gekreuzten Hauptstraßen
	INB; Deutzeichen »Mauer«	Mauerwall mit Vorsprüngen
	AA	Zeltstange
	IM	zwei gekreuzte Balken
	AA; Deutzeichen »öffnen«	Türflügel
	S	Riegel
	S.T	Thronsitz
	P	Hocker
	MAA	Sockel, Podest

	HTP	Matte mit Brot darauf
	SA	aufgerollte und zusammen-gelegte Matte

Geräte, Waffen, Stöcke und Spiele

	Deutzeichen für ab-strakte Wörter, für die es kein Bild gibt	Papyrusrolle
	Deutzeichen »Schrift, schreiben«	Schreibzeug
	AB, MR	Meißel
	HM.T	Drillbohrer
	Abk. für MDschH	Axt
	QS, QRS	Harpunenkopf aus Knochen
	MA	Sichel
	MR	Hacke, Handpflug
	NW	Dächsel
	WAH, SK	Faserbesen
	TM	Schlitten

	TI	Stößel
	HM	Schlägel zum Klopfen der Wäsche
	Abk. für *WHA*	Fischerboot aus Papyrus
	AHA	Schiffsmast
	ChRW	Ruder
	Deutzeichen »anlegen, verbinden«	Landepflock
	Deutzeichen »fremdes Volk«	Wurfholz
	WA	Harpune
	NM	Schlachtmesser
	ChR	Hackklotz
	SN	Pfeil
	PDsch.T	Bogen
	SchMS	Fallbeil
	HDsch	Keule
	MD	Spazierstock

	HQA	oben gebogener Hirtenstab
	SChM	Szepter
	WAS	Szepter mit Tierkopf
	NTschR	Götterfahne
	MN	Spielbrett mit Spielsteinen
	DschD	der »Dsched-Pfeiler«, wohl ein stark stilisiertes Bündel von Getreidehalmen

Körbe, Gefäße und Brote

	NB	Korb
	K	Henkelkorb
	SchD	Wasserschlauch
	KBN	Räuchergerät
	HS	hohe Vase
	ChNT	Wassergefäße in Gestell
	NW	kleines, kugeliges Gefäß

	MI	Gefäß mit Tragschlaufe
	Deutzeichen »Gefäße und ihr Inhalt«	Gefäß mit engem Hals und zwei Henkeln
	Deutzeichen »Wein, Weingefäß«	zwei miteinander verbundene Gefäße
	BAS; Deutzeichen »Salben, Öle«	verschlossenes Steingefäß
	G	Gefäßständer
	Deutzeichen »Brot«	Brotlaib in Backform
	T	halbes Brot
	Dschl	kegelförmiges Brot
	Deutzeichen »Lebens-mittel«	länglicher Brotlaib

Striche, Stricke, Stoff, Kleidung u. Schmuck

	Zahl 1	Strich
	Zahl 10	Bogen
	Zahl 100; auch Laut-zeichen W	Kringel
	Deutzeichen »Dual«; auch Lautzeichen I	zwei schräg gesetzte, kurze Striche
	Deutzeichen unbekann-ter Grundbedeutung	diagonal gekreuzte, kurze Striche

	H	gedrehter Zopf, Docht
	WA; auch *O* (in Fremd-wörtern)	Lasso
	Tsch	Tierfessel
	SchS	Schlinge mit Enden nach oben
	SchN	Schlinge mit Enden nach unten
	FCh; Deutzeichen »binden«	waagerecht liegende Schlaufe
	Deutzeichen »Königs-name«	»Kartusche«
	S	zusammengelegter Stoff
	Deutzeichen »Kleidung«	Stoff mit Fransen
	TschS	Gürtelknoten
	ANCh	Sandalenriemen
	Deutzeichen »Sandale«	Sandale
	N	Königskrone für den nördlichen Teil Ägyptens
	NBW	Kollier aus Gold und Perlen
	WSCh; Deutzeichen »Kette«	breite Perlenkette

Unbekannte Bedeutung

	M, **GS**	unbekannter Gegenstand
	QD	unbekanntes Gerät beim Bau, eventuell auch Pfosten

Glossar

Abydos: Stadt in Mittelägypten, etwa 500 km südlich von Kairo. Hauptkultort des Gottes Osiris. Großer Tempel aus der Zeit Sethos' I. (1290–1279/78 v. Chr.), daneben ein kleinerer Bau aus der Zeit Ramses' II. (1279–1213 v. Chr.). Königsnekropole der Frühzeit.

Achti-hetep: »Achti-ist-gnädig«. Häufiger Personenname im Alten Reich.

Ahmose: »Der-Mond-ist-geboren«. Erster König der 18. Dynastie, Regierungszeit etwa 1550–1525 v. Chr.; Begründer des Neuen Reiches durch Vertreibung der asiatischen Fremdherrscher, der sog. Hyksos, aus Unterägypten.

Alexander d. Gr.: makedonischer Herrscher, Begründer des ersten Weltreiches, Regierungszeit 336–323 v. Chr. Nach seinem Sieg über die Perser im Jahr 333 v. Chr. fiel ihm einige Monate später Ägypten kampflos zu, das damit der griechischen Welt einverleibt wurde. Nach seinem Tod fiel Ägypten an den ehemaligen Feldherrn Ptolemaios, der dort die neue Dynastie der Ptolemäer begründete.

Altes Reich: umfasst 3. Dynastie (ca. 2682–2614 v. Chr.), 4. Dynastie (ca. 2614–2479 v. Chr.), 5. Dynastie (ca. 2479–2322 v. Chr.) und 6. Dynastie (2322–2191 v. Chr.). Ausbau des zentralistischen Verwaltungsapparates. Erste Blütezeit des Ägyptischen Staates sowohl in politischer und wirtschaftlicher als auch in kultureller bzw. künstlerischer Hinsicht. Zeit der großen Pyramiden. Bekannteste Könige: Djoser, Cheops, Chephren, Mykerinos.

Amenemhet: »Amun-ist-an-der-Spitze« (eigentlich Imn-m-hat). Geburtsname von sieben Königen der 12. und 13. Dynastie (ca. 1976–1645 v. Chr.). Auch häufiger Name von Privatpersonen im Mittleren und Neuen Reich.

Amenemhet I. Sehetepibre: »Amun-ist-an-der-Spitze Der-das-Herz-des-Re-zufriedenstellt«. Erster König der 12. Dynastie; Regierungszeit ca. 1976–1947 v. Chr. Begann mit der in der gesamten 12. Dynastie fortgesetzten Erweiterung des ägyptischen Machtbereichs nach Nubien. Errichtete seine Grabpyramide in Lischt.

Amenophis: »Amun-ist-gnädig« (eigentlich Imen-hetep). Geburtsname von vier Königen der 18. Dynastie (1550–1291 v. Chr.); auch häufiger Name von Privatpersonen im Neuen Reich.

Amenophis III. Neb-maat-re: »Amun-ist-gnädig Herr-der-Maat-wie-Re«. Neunter König der 18. Dynastie; Regierungszeit ca. 1388–1351/50 v. Chr. Ließ zahlreiche Tempel in Ägypten errichten, in denen mehrere hundert Statuen des Königs aufgestellt waren. Von seinem riesigen Totentempel in Theben ist heute nicht viel mehr als die sog. Memnonskolosse, zwei ursprünglich etwa 20 m hohe Sitzfiguren des Königs, erhalten.

Amun oder Amun-Re: meist menschengestaltiger Sonnen- und All-gott, kann auch als Widder, Gans, Stier, Löwe oder Schlange erscheinen. Wichtigster Gott des Neuen Reiches. Hauptkultort Theben mit den beiden wichtigsten Tempeln von Karnak und Luxor, daneben zahlreiche Heiligtümer im ganzen Land.

Ani: Verfasser einer sog. »Lebenslehre«, die vor allem eine Reihe von Verhaltensregeln für das private Leben enthält. Ani lebte wahrscheinlich im Neuen Reich während der 18. Dynastie. Es sind mehrere Abschriften der Lehre aus späterer Zeit erhalten, die wichtigste davon befindet sich im Ägyptischen Museum Kairo.

Anubis: meist schakalgestaltiger oder schakalsköpfiger Totengott, Wächter der Nekropolen und Beschützer des Leichnams während der Mumifizierung.

Atum: meist menschengestaltiger Urgott und Sonnengott, Erschaffer der Welt aus dem Urozean, Stammvater des wichtigsten Götterkreises Ägyptens. Kann auch als Stier, Affe, Schlange oder Aal erscheinen. Hauptkultort Heliopolis.

Bak-en-chons: »Diener-des-Chons«. Hohepriester des Amun von Karnak während der frühen 19. Dynastie. Auf einer seiner Statuen (heute im Ägyptischen Museum München) ist in kurzen Worten seine Karriere vom Schüler bis zum Hohepriester nachgezeichnet.

Baqet: »Glück«. Mehrfach belegter Name von Privatpersonen im Alten und Mittleren Reich, darunter die Inhaber von drei Felsgräbern in Beni Hasan.

Bastet: meist als Katze oder als Frau mit dem Kopf eines Löwen oder einer Katze dargestellte Göttin, die schon im Alten Reich eine wichtige Rolle spielte. Hauptkultort Bubastis (90 km nordöstlich von Kairo), wo ihr ein eigener Tempel errichtet wurde.

Beni Hasan: Ort in Mittelägypten, etwa 260 km südlich von Kairo. Ausgedehnter Friedhof mit bemerkenswerten Felsgräbern des Mittleren Reiches, die für die hier ansässigen Fürsten des 16. oberägyptischen Gaus angelegt wurden.

Berenike: Name von mehreren Königinnen der Ptolemäerzeit.

Bittersee: großer und kleiner; zwei miteinander verbundene, flache Lagunenseen im Nordosten des Nildeltas, die nur durch eine schmale Landzunge vom Mittelmeer abgegrenzt sind.

Byblos: alte phönikische Hafenstadt nördlich des heutigen Beirut, zu der Ägypten schon im 3. Jahrtausend v. Chr. Handelsbeziehungen unterhielt.

Byzantinische Herrschaft: 395–642 n. Chr.

Cha: »Der-Erschienene«. Häufiger Name von Privatpersonen im Mittleren und Neuen Reich, darunter ein Vorsteher der Bauarbeiten im Tal der Könige während der 18. Dynastie. Ausstattung seines in Deir el-Medineh unversehrt entdeckten Grabes heute im Ägyptischen Museum von Turin.

Chai-ef-chufu: »Er-erscheint-nämlich-Cheops«. Name eines Sohnes des Königs Cheops mit einer Grabanlage in Giza; bestieg möglicherweise nach dem Tod seines Bruders Djedefre unter dem Namen Chephren (eigentlich »Chai-ef-re«) als zweiter Nachfolger des Cheops den Thron Ägyptens.

Cheops: eigentlich Chuiefui-Chnum, »Er-beschützt-mich-(nämlich)-Chnum«. Zweiter König der 4. Dynastie, Regierungszeit ca. 2579–2556 v. Chr. Erbauer der großen Pyramide von Giza, wahrscheinlich auch Urheber der großen Sphinxfigur von Giza.

Cheti: Name mehrerer Könige der Ersten Zwischenzeit; auch häufiger Name von Privatpersonen, darunter der Verfasser der – zumindest in Schulen – wohl am weitesten verbreiteten Lehre, die den Beruf des Schreibers als besonders angenehm und erfolgversprechend anpreist. Sie stammt aus dem frühen Mittleren Reich und wurde noch mindestens 800 Jahre später eifrig gelesen.

Chnum-hetep: »Chnum-ist-gnädig«. Häufiger Name von Privatpersonen im Alten und Mittleren Reich, darunter die Inhaber von vier Felsgräbern in Beni Hasan.

Chons: meist menschengestaltig dargestellter Mondgott mit einem Kopfputz aus Mondsichel und Mondscheibe. Kann auch als Pavian oder als Mann mit Falkenkopf erscheinen. Bildet zusammen mit Amun und Mut die Göttertriade von Theben. Eigener Tempel innerhalb des Tempelbezirkes von Karnak.

Chontamenti: »Vorderster-der-Westlichen« (eigentlich Chenti-imentiu). Alter Totengott des Friedhofs von Abydos, erscheint meist in

Hundegestalt. Wurde schon am Ende des Alten Reiches von Osiris verdrängt, dessen Beiname nun Chenti-imentiu lautet.

Dahschur: Ort im nördlichen Mittelägypten, nur etwa 26 km südlich von Kairo. Mehrere Pyramiden des Alten und des Mittleren Reiches, darunter die sog. Knick- und die Rote Pyramide des Snofru.

Deben: im Neuen Reich genormte Gewichtseinheit von 91 Gramm, unterteilt in 10 Kite zu jeweils 9,1 Gramm.

Deir el-Medineh: von Amenophis I. und Tuthmosis I. angelegte Siedlung im Westgebirge von Theben für die Handwerker, die für den Bau und die Ausschmückung der Königsgräber des Neuen Reiches im Tal der Könige zuständig waren. In einem breiten und tiefen Schacht in der Nähe der Siedlung wurden Tausende von Ostraka mit Arbeiterlisten, Briefen, Abrechnungen, Skizzen und dergleichen entdeckt.

Domitianus: römischer Kaiser, Regierungszeit 81–96 n. Chr. Sein Name ist an zahlreichen ägyptischen Bauten belegt, darunter im Hathor-Tempel von Dendera, im Amun-Tempel von Karnak, in Medinet Habu, Esna und Kom Ombo.

Dritte Zwischenzeit: umfasst 21. Dynastie (ca. 1070/69–946/45 v. Chr.), 22. Dynastie (946/45–736 v. Chr.), 23. Dynastie (ca. 756–712 v. Chr.), 24. Dynastie (ca. 740–712 v. Chr.) und 25. Dynastie (ca. 746–655 v. Chr.). Teilung Ägyptens in ein – zeitweise aus mehreren Kleinstaaten bestehendes – Nordreich im Nildelta und ein Südreich in Oberägypten mit der Hauptstadt Theben.

Dschehuti-nefer: »Toth-ist-vollkommen«. Mehrfach belegter Name von Privatpersonen im Neuen Reich, darunter der Inhaber eines Grabes in der Felsgräbernekropole in Theben.

Duauf: Name von Privatpersonen, belegt u. a. in der Lehre des Cheti.

Dumpalme: Palmenart mit mehrfach verzweigtem Stamm und großen, fächerförmigen Blättern. Nutzpflanze, deren relativ hartes Holz für die Möbelproduktion verwendet wurde; das Innere der etwa 8 cm langen, ovalen Früchte diente als Nahrungsmittel.

Erste Zwischenzeit: umfasst 7./8. Dynastie (ca. 2191–2145 v. Chr.), 9. / 10. Dynastie (ca. 2145–2020 v. Chr.) und ersten Teil der 11. Dynastie (ca. 2119–2020 v. Chr.). Zeit politischer Wirren, Spaltung Ägyptens in mehrere konkurrierende Kleinstaaten. Bekannteste Königsnamen: Cheti, Antef, Mentuhotep.

Frühzeit: umfasst 0. Dynastie (ca. 3600–3000 v. Chr.), 1. Dynastie (ca. 3000–2828 v. Chr.) und 2. Dynastie (ca. 2479–2322 v. Chr.). Nach dem Zusammenwachsen verschiedener Stammesgebiete am Unterlauf des Nils Gründung eines Zentralstaates unter der Herrschaft eines Königs, der von der Mittelmeerküste bis zum Gebiet des Ersten Kataraktes beim heutigen Assuan reichte. Entwicklung der Schrift und der zentralen Verwaltung.

Geb: Gott der Erde. Meist als ein unter dem Himmelsgewölbe liegender Mann dargestellt, aus dessen Körper Pflanzen sprießen.

Giza: Ort am südwestlichen Stadtrand von Kairo. Pyramiden des Cheops, Chephren und Mykerinos aus der 4. Dynastie; großer Friedhof mit Gräbern von Angehörigen der Königsfamilien und hohen Beamten des Alten Reiches.

Gottesvater: ursprünglich Titel eines Mannes, der verwandtschaftlich mit der Königsfamilie verbunden war; seit der 19. Dynastie auch häufiger Priestertitel.

Hapu: im Neuen Reich belegter Name von Privatpersonen.

Hepj: häufiger Name von Privatpersonen während des Alten und v. a. während des Mittleren Reiches.

Hathor: meist in menschlicher Gestalt, als Kuh oder als Frau mit Kuhkopf erscheinende Muttergottheit, Herrin der Liebe, der Musik und des Tanzes; kann auch als Löwin oder Schlange auftreten. Hauptkultorte sind Dendera und Theben, wo sie v.a. als Totengöttin und Herrin der Nekropole verehrt wurde.

Heliopolis: antike Stadt im Nordosten von Kairo beim modernen Dorf Matarija. Hauptkultort des Sonnengottes Re und des Schöpfergottes Atum mit ehemals zahlreichen großen Tempeln für verschiedene Götter. Heute nur noch spärliche Überreste erhalten.

Henenu: häufiger Name von Privatpersonen während des Mittleren Reiches. Fragmente von vier Stelen eines Hofbeamten Henenu aus seinem Grab in Theben heute im Metropolitan Museum of Art in New York, eventuell ein weiterer, vollständig erhaltener Grabstein derselben Person im Puschkin Museum in Moskau.

Herodot: griechischer Geschichtsschreiber (ca. 490–420 v. Chr.). Bereiste u.a. Ägypten und Mesopotamien, deren Geschichte und Kultur er in den mehrere Bände umfassenden »Historien« beschrieb.

Hesi-re: »Von-Re-Gelobter«. Hoher Beamter aus der Zeit des Königs Djoser (3. Dynastie, ca. 2665–2645 v. Chr.). Aufwändige Grabanlage aus Lehmziegeln in Saqqara, in der sich zahlreiche Beigaben fanden.

Hetepet: häufiger Name von Privatpersonen im Alten und Mittleren Reich, kommt in verschiedenen Schreibweisen vor.

Hor-em-usechet: »Horus-ist-in-der-Halle«. Mehrfach belegter Name von Privatpersonen im Mittleren und Neuen Reich.

Hor-her-necht: »Horus-ist-stark«. Mehrfach in der Zeit des Mittleren Reiches belegter Name von Privatpersonen.

Horus: meist als Falke oder als Mann mit Falkenkopf dargestellter Himmelsgott, auch Gott des Königtums, als dessen irdischer Vertreter der König galt; Sohn der Götter Isis und Osiris. Hauptkultorte Hierakonpolis und Edfu.

Iamit, **Iamjt:** im Mittleren Reich belegter Frauenname.

Ibis: zur selben Familie wie Waldrapp und Sichler gehörender Vogel mit langen Beinen, langem Hals und langem, gebogenem Schnabel, der früher in Ägypten weit verbreitet war. Gefieder weiß mit schwarzem Hals und Kopf, sowie schwarzen Spitzen der Armschwingen. Heiliges Tier des Gottes Toth.

Idi, Idu: häufig belegter Name von Privatpersonen im Alten, Mittleren und Neuen Reich.

Idi-anch: »Idi-lebt«. Im Mittleren Reich belegter Frauenname.

Idut: Name einer Königstochter aus der 5. oder 6. Dynastie mit sehenswertem Grab im Friedhof von Saqqara.

Imen-em-hat: »Amun-ist-an-der-Spitze« (auch Amenemhet ausgesprochen, siehe dort). Häufiger Name von Privatpersonen, darunter der Inhaber eines Grabes in Beni Hasan.

Imen-wah-su: im Neuen Reich häufig belegter Name von Privatpersonen.

Intef: Name von insgesamt sieben Königen der Ersten und Zweiten Zwischenzeit; auch sehr häufiger Name von Privatpersonen.

Intef-iqer: »Intef-ist-vortrefflich«. Wesir zur Zeit der Könige Amenemhet I. und Sesostris I. Hatte ein eigenes, kleines Grab im Hof der Pyramide Amenemhets I. in Lischt sowie ein – wohl eigentlich für seine Mutter Senet angelegtes – Felsgrab mit beeindruckenden Wandmalereien in Theben.

Ipuki: Name von Privatpersonen während des Neuen Reiches, darunter der Inhaber eines Grabes in Theben.

Isis: meist in reiner Menschengestalt erscheinende, zauberkundige Muttergottheit und Schützerin vor Gefahren, Gattin des Osiris und Mutter des Horus. Kann auch als Weihe oder Falke, Kuh, Schlange und Nilpferd erscheinen, oft auch als Frau mit geflügelten Armen. Wichtiger Tempel in Philae bei Assuan, weitere Heiligtümer im ganzen Land.

It: ein im Mittleren und Neuen Reich sowie in der Spätzeit häufig belegter Name von Privatpersonen.

Jaa: nicht näher lokalisierbare Gegend in Syrien-Palästina.

Jah: meist als Mann mit Ibiskopf erscheinender Gott des Mondes, möglicherweise eine Sonderform des Gottes Toth, der ebenfalls mit dem Mond gleichgesetzt werden konnte.

Ka: neben dem Ach, dem Ba und dem Schatten ein Aspekt der Seele des Menschen, der schon bei seiner Geburt entstand und nach seinem Tode weiterlebte; am ehesten als »Lebenskraft« zu übersetzen. Ihm waren die im Grab dargebrachten Nahrungsopfer gewidmet. Der Ba bezeichnete den frei beweglichen Aspekt der menschlichen Seele, der ins Diesseits zurückkehren konnte und als Vogel mit Menschenkopf dargestellt wurde. Im Gegensatz zu ihm verband man den Schatten vor allem mit dem Leichnam des Toten, der im Grab ruhte. Der Ach schließlich entstand erst nach dem Tod des Menschen durch verschiedene Riten, die bei der Bestattung durchgeführt wurden.

Kleopatra: Name von sieben Königinnen der Ptolemäerzeit. Berühmt ist Kleopatra VII., die letzte Herrscherin Ägyptens vor der Einnahme durch die Römer, v.a. durch ihre Verbindung mit den römischen Herrschern Cäsar und Marcus Antonius.

Lattich: Salatpflanze (Römersalat); heilige Pflanze des Fruchtbarkeitsgottes Min.

Lotos: Seerosenart, aufgrund ihres Duftes für Blütenkränze und für die Parfümherstellung verwendet. Wegen ihrer Eigenschaft, sich morgens zu öffnen und abends wieder zu schließen, ein beliebtes Symbol für die Wiedergeburt. Zwei Unterarten: der blaue Lotos mit spitzen Blütenblättern und der weiße Lotos mit abgerundeten Blättern.

Maat: weibliche Gottheit, fast immer in Gestalt einer Frau mit dem Schriftzeichen der Straußenfeder auf dem Kopf, Verkörperung der göttlichen Weltordnung, Wahrheit, Gerechtigkeit, Rechtmäßigkeit usw.

Maati-Kanal: Gewässer in der Nähe von Memphis.

Mai: »Löwe«. Im Neuen Reich belegter Männername.

Mai-her-peri: »Der-Löwe-ist-auf-dem-Schlachtfeld«. Ein Hofbeamter aus der Zeit der Königin Hatschepsut (1479/73 – 1458/57) mit dem Titel »Wedelträger zur Rechten des Königs«. Er gehörte zu den wenigen privilegierten Privatpersonen, die ihr Grab im Tal der Könige anlegen durften.

Mauern des Herrschers: eine Grenzbefestigung im Wadi Tumilat, einem flachen Trockental zwischen Saft el-Henna und Ismailija, das den Ostrand des Nildeltas mit dem Sinai verbindet.

Meir: Ort in Mittelägypten zwischen Mallawi und Assiut, etwa 310 km südlich von Kairo. Nekropole mit interessanten Felsgräbern des späten Alten Reiches sowie des Mittleren Reiches, in denen v. a. die Fürsten des 14. oberägyptischen Gaus bestattet wurden.

Meket-re: Name eines hohen Beamten der späten Ersten Zwischenzeit. In seinem Grab in Theben wurden mehr als 20 Holzmodelle von Werkstätten, Schiffen und Häusern gefunden.

Memphis: etwa 22 km südlich von Kairo gelegene Stadt, während des Alten Reiches und einer Zeitspanne des Neuen Reiches Residenz der ägyptischen Könige. Hauptkultort des Gottes Ptah. Heute nur noch wenige Überreste einiger Tempel erhalten.

Menit: aus vielen einzelnen Perlenschnüren bestehende Kette mit einem im Nacken (als Gegengewicht zur Kette) befestigten Anhänger, die auch als Rasselinstrument bei kultischer Musik verwendet wurde.

Menna: im Neuen Reich mehrfach belegter Name von Privatpersonen, darunter der Inhaber eines mit sehr lebhaften Szenen bemalten Grabes in Theben.

Mentuhotep: »Month-ist-gnädig«. Name von vier Königen der Ersten Zwischenzeit.

Merenre: »Der-von-Re-geliebte«. 4. König der 6. Dynastie, Regierungszeit ca. 2260 – 2254 v. Chr. Errichtete seine Grabpyramide im Süden von Saqqara.

Merikare: Thronname eines Königs der Ersten Zwischenzeit; genaue Einordnung bisher nicht möglich. Bekannt v. a. durch die an ihn gerichtete Lebenslehre, die von seinem Vater Cheti verfasst wurde.

Merit: »Die-Geliebte«. Häufig v.a. im Neuen Reich belegter Frauenname, darunter die Gattin des Bürgermeisters Sen-nefer.

Meru: häufiger Name von Privatpersonen im Alten, Mittleren und Neuen Reich.

Mittleres Reich: umfasst zweite Hälfte der 11. Dynastie (ca. 2020–1976 v. Chr.) und 12. Dynastie (ca. 1976–1794/93 v. Chr.). Nach neuerlicher Reichseinigung wird Ägypten Großmacht im östlichen Mittelmeergebiet. Handelsbeziehungen mit Vorderasien und den Inseln des Mittelmeers. Kleine Pyramiden als Grabmäler der Könige. Namen der bekanntesten Herrscher: Amenemhet und Sesostris.

Month: meist als falkenköpfiger Mann mit Federkrone und doppeltem Uräus dargestellter Gott des Kriegswesens. Kann auch als Stier erscheinen. Hauptkultorte Armant und Tôd (ca. 14 bzw. 20 km südlich von Luxor), eigener Tempel im Bereich des Tempelkomplexes von Karnak.

Mut: meist in reiner Frauengestalt mit Doppelkrone dargestellte Muttergöttin, kann auch mit dem Kopf eines Löwen oder eines Geiers auftreten. Gattin des Amun und Mutter des Chons. Hauptkultort Theben, dort eigener, mit dem Amun-Tempel von Karnak verbundener Tempelbezirk.

Nacht: »Der-Starke« (eigentlich Necht). Häufiger Name von Privatpersonen im Alten, Mittleren und Neuen Reich, darunter der Inhaber eines wegen seiner Malereien berühmten Grabes in Theben.

Neb-amun: »(Mein-)Herr-ist-Amun«. Häufiger Name von Privatpersonen, darunter auch mehrere Beamte, deren Gräber sich in Theben befinden.

Nebethut-henut-sen: »Nephthys-ist-ihre-Herrin«. Im Mittleren Reich belegter Frauenname.

Nechbet: als Frau, Geier oder Schlange dargestellte Landesgöttin von Oberägypten, spielte bei der Krönung des Königs eine Rolle. Hauptkultort Elkab, etwa 90 km südlich von Luxor.

Necht-anch: »Der-Starke-lebt«. Im Mittleren Reich häufig belegter Name von Privatpersonen.

Nechti, Nechtj: v.a. im Mittleren Reich sehr häufig belegter Name von Privatpersonen.

Neferirkare: »Mit-schöner-Gestalt-und-Ka-wie-Re«. Dritter König der 5. Dynastie, Regierungszeit ca. 2458–2438 v. Chr. Errichtete wie fast alle Pharaonen der 5. Dynastie eine Pyramide in Abusir, ca. 15 km südlich von Kairo.

Nefertem: meist als Mann mit einer Lotosblüte auf dem Kopf dargestellter Gott des Wohlgeruchs und der Erneuerung. Kann auch als Löwe, mit Löwenkopf oder als Lotosblüte dargestellt werden. Bildet zusammen mit Ptah und Sachmet die Göttertriade von Memphis.

Nekropole: (von griechisch nekro = »tot...« und polis = »Stadt«) Totenstadt, großer Friedhof.

Neni: Name von Privatpersonen während des Mittleren Reiches.

Neues Reich: umfasst 18. Dynastie (ca. 1550–1292 v. Chr.), 19. Dynastie (1292–1186/85 v. Chr.) und 20. Dynastie (ca. 1186/85–1070/69 v. Chr.). Nach neuerlicher Reichseinigung und Vertreibung asiatischer Fremdherrscher aus dem Delta Wiedergewinnung der politischen Vormachtstellung über den gesamten Mittelmeerraum, Vorderasien und Nubien. Größte wirtschaftliche Blütezeit des Landes. Bestattung der Pharaonen im sog. Tal der Könige. Namen der bekanntesten Herrscher: Ahmose, Amenophis, Tuthmosis, Hatschepsut, Echnaton, Tutanchamun, Ramses und Sethos.

Ni-anch-chnum und Chnum-hetep: »Besitzer-von-Leben-ist-Chnum« und »Chnum-ist-gnädig«. V. a. im Alten Reich belegte Namen von Privatpersonen, darunter die Besitzer eines gemeinsamen Grabes in Saqqara.

Nofru: Hauptgemahlin des Königs Sesostris I., bestattet in einem der neun kleinen Pyramidengräber innerhalb des Pyramidenkomplexes Sesostris' I. in Lischt (ca. 60 km südlich von Kairo).

Nub-kau: Name von Privatpersonen im Mittleren Reich.

Nut: meist in Frauengestalt auftretende Himmelsgöttin, kann auch als Kuh dargestellt werden. Ihr Leib war mit den Gestirnen, darunter auch Sonne und Mond, bedeckt.

Opet-Fest: mehrere Tage, im späten Neuen Reich sogar mehr als drei Wochen dauerndes, wichtigstes religiöses Fest, bei dem Amun von Karnak in einer prunkvollen Prozession das Heiligtum von Luxor besuchte.

Osiris: männlicher Gott in Mumiengestalt, Herrscher im Totenreich, Gott der Wiederauferstehung und der Vegetation. Gatte der Isis, Vater des Horus. Hauptkultorte Abydos und Busiris. Wurde nach einem Mythos von seinem Bruder Seth aus Neid erschlagen, von seiner Gattin Isis jedoch zu neuem Leben erweckt.

Ostrakon: (pl. Ostraka; von griechisch »Scherbe«) Bezeichnung für Tongefäß-Scherben oder flache Kalksteinfragmente, die in der Antike als preiswertes Schreibmaterial verwendet wurden. Man unterscheidet – je nach Verwendungszweck – zwischen Bild-ostraka (Zeichenübungen oder Bildentwürfe von Künstlern) und Schriftostraka (Notizen aller Art, Arbeiterlisten, Protokolle, Ab-rechnungen, Briefe oder auch Schreibübungen von Schülern). Große Mengen ägyptischer Ostraka sind aus der Zeit des Neuen Reiches erhalten.

Papyrus: bis zu fünf Metern hoch wachsende Pflanze der Gattung der Riedgräser mit dreikantigem Stängel und großer Blütendolde. Vor allem in Unterägypten weit verbreitet, daher Wappenpflanze dieses Landesteils.

Papyrus Rhind: mit zahlreichen mathematischen Problemen und Aufgaben beschriebene, 513 cm lange und 32 cm breite Papyrus-rolle, die sich heute im Britischen Museum in London befindet; benannt ist sie nach ihrem ersten Besitzer, dem Juristen Alexan-der H. Rhind.

Pa-en-imen: »Der-Amun-gehörende«. Besonders im Neuen Reich häufiger Name von Privatpersonen, darunter der Inhaber eines Grabes in Theben.

Pepi: Name von zwei Königen der 6. Dynastie (ca. 2322 – 2191 v. Chr.).

Peten: Name eines Gebietes in der Nähe der Bitterseen.

Ptah: fast ausschließlich menschengestaltiger Schöpfergott, Schutz-herr der Handwerker und Künstler. Zusammen mit seiner Gattin Sachmet und beider Sohn Nefertem v. a. in Memphis verehrt.

Ptolemäerzeit: Alexander d. G. und seine Nachfolger (332 – 310/09 v. Chr.), Ptolemäer (310/09 – 30 v. Chr.).

Ptolemaios: Name von 13 Königen der griechischen Dynastie der »Ptolemäer« (310/09 – 30 v. Chr.).

Ra-mose: »Re-ist-geboren« (eigentlich »Ra-mesi«). Im Neuen Reich häufig belegter Name von Privatpersonen, darunter der Wesir Amenophis’ III., dessen Grab sich in Theben befindet.

Ramses: eigentlich Ramessu »Re-hat-ihn-geboren«. Geburtsname von elf Königen der 19. und 20. Dynastie (ca. 1292 – 1070/69 v. Chr.).

Ramses II. User-maat-re-setep-en-re: »Re-hat-ihn-geboren Reich-an-Maat-wie-Re-Erwählter-des-Re«. Dritter König der 19. Dynastie, Regierungszeit ca. 1279–1213 v. Chr. Größter Bauherr der ägyptischen Geschichte; errichtete u.a. eine neue Residenz im östlichen Nildelta mit zahlreichen Tempeln und Palästen, die beiden berühmten Felstempel in Abu Simbel und einen riesigen Totentempel in Theben. Außerdem erweiterte er zahlreiche Tempel Ägyptens, darunter die des Amun von Karnak und Luxor.

Re: meist in Menschengestalt, als Falke oder als Mann mit Falkenkopf erscheinender Sonnengott, verehrt als Schöpfer und Erhalter der Welt. Durchfährt mit einer großen Gefolgschaft in einer Barke tagsüber den Himmel und nachts die Unterwelt. Wichtigster Kultort war Heliopolis beim heutigen Kairo.

Rech-mi-re: »Wissend-wie-Re«. Wesir unter Tuthmosis III. und Amenophis II. Inhaber eines Felsgrabes in Theben, das v. a. durch seine zahlreichen Handwerkerszenen berühmt ist.

Retschenu: während des Mittleren Reiches Bezeichnung für den Süden Palästinas.

Rinderort: Name einer nicht sicher lokalisierten Ortschaft, wohl in der Nähe des heutigen Alt-Kairo.

Römische Herrschaft: 30 v. Chr.–395 n. Chr.

Roter Berg: Bezeichnung des Gebel el-Ahmar, eines Hügels aus rötlichem Quarzit im Norden von Kairo.

Sachmet: meist löwenköpfige, kriegerische Göttin, die v. a. Krankheiten sendet, aber auch heilt; Gattin des Ptah. Hauptkultort Memphis.

Saqqara: Ort im nördlichen Mittelägypten, etwa 20 km südlich von Kairo. Grabanlagen der Könige und hohen Beamten der Frühzeit; Stufenpyramide des Djoser; großer Friedhof mit den wichtigsten Beamtengräbern des Alten Reiches.

Sat-useret: »Tochter-der-(Göttin)Useret«. Während des Mittleren Reiches mehrfach bezeugter Frauenname.

Schu: meist als Mann mit einer Straußenfeder auf dem Kopf dargestellter Gott der Luft, der den Himmel stützt. Sohn des Schöpfergottes Atum.

Sebek-hetep: »Sobek-ist-gnädig«. Name von neun Königen der Zweiten Zwischenzeit; auch häufiger Name von Privatpersonen des Mittleren Reiches und der Zweiten Zwischenzeit.

Sechem-sebek: »Sobek-ist-mächtig«. Im Mittleren Reich belegter Name von Privatpersonen.

Selket: meist als Frau mit einem Skorpion auf dem Kopf oder als Skorpion dargestellte Göttin, Schützerin der Lebenden und der Toten vor allen erdenklichen Gefahren.

Sen-nefer: »(Mein-)Bruder-ist-gut«. Besonders im Neuen Reich häufig belegter Name von Privatpersonen.

Seschat: Göttin des Schreibens und Rechnens, dargestellt als eine mit einem Pantherfell bekleidete Frau. Auf dem Kopf trägt sie ein Symbol, dessen Vorlage möglicherweise ein astronomisches Gerät bildete. Auch zuständig für das Bauen, besonders für das Abmessen und Festlegen des Grundrisses.

Sesostris: »Mann-der-(Göttin)Useret«. Name von vier Königen der 12. und 13. Dynastie (ca. 1976–1645 v. Chr.).

Sesostris I. Cheper-ka-re: »Mann-der-(Göttin)Useret Mit-Gestalt-gewordenem-Ka-wie-Re«. Zweiter König der 12. Dynastie, Regierungszeit ca. 1956–1911/10 v. Chr. Errichtete seine Pyramide in Lischt, in deren Bereich zehn lebensgroße Sitzstatuen des Königs gefunden wurden; außerdem geht u. a. die berühmte »Weiße Kapelle« in Karnak auf seine Regierungszeit zurück.

Seth: meist als Mann mit dem Kopf eines hundeartigen Fabeltieres, aber auch ganz als Fabelwesen dargestellt; Gott der Wüste, des Fremdlands und des Unwetters.

Sethos I. Men-maat-re: »Seti Mit-bleibender-Maat-wie-Re«. Zweiter König der 19. Dynastie, Regierungszeit ca. 1290–1279/78 v. Chr. Ließ den großen Säulensaal in Karnak dekorieren und den berühmten Tempel von Abydos errichten; seine Grabanlage gehört zu den schönsten im Tal der Könige.

Siamun: »Sohn-des-Amun«. Sechster König der 21. Dynastie, Regierungszeit ca. 979/78–960/59 v. Chr. Bautätigkeit v. a. im Tempel des Amun in Tanis, einer der wichtigsten Städte Ägyptens in dieser Epoche.

Sile: Stadt im östlichen Nildelta, an der Nordostgrenze Ägyptens.

Sistrum: rasselartiges Musikinstrument, vor allem im Tempelkult verwendet. Besteht aus einem eckigen oder U-förmig gebogenen Metallrahmen, der an einem Handgriff befestigt ist. Durch die gelochten Seiten des Rahmens wurden Metallstäbe mit beweglichen Metallplättchen gesteckt. Der Übergang vom Griff zum Rahmen ist meist mit dem Kopf der Göttin Hathor verziert.

Snofru: »(Der Gott NN)hat-mich-vollkommen-gemacht«. Begründer der 4. Dynastie, Regierungszeit ca. 2614–2579 v. Chr. Ließ drei Pyramiden errichten, darunter die erste Pyramide mit geraden Seitenflächen in Dahschur.

Snofru-ini-ischet-ef: »Snofru-hat-ihm-seinen-Besitz-gebracht«. Name eines Beamten des Alten Reiches, Inhaber eines Grabes in Dahschur.

Sobek: meist als Krokodil oder als Mann mit Krokodilskopf dargestellter Fruchtbarkeitsgott. Hauptkultorte Krokodilopolis im Fajjum und Kom Ombo, etwa 50 km nördlich von Assuan.

Sokar: meist als Falke oder als Mann mit Falkenkopf dargestellter Schutzgott der Verstorbenen und besonders der memphitischen Nekropole.

Sopdu: als Mann, als Falke oder als Mann mit Falkenkopf auftretender kriegerischer Gott, der Herr der östlichen Wüste und des östlichen Fremdlandes. Kann auch als Asiate mit der landestypischen Tracht und Vollbart dargestellt werden. Hauptkultort war Saft el-Henna im östlichen Nildelta an der Grenze Ägyptens zum Sinai.

Spätzeit: umfasst 26. Dynastie (664–525 v. Chr.), 27. Dynastie (erste persische Herrschaft, 525–401 v. Chr.), 28. Dynastie (405/401–399 v. Chr.), 29. Dynastie (399–380 v. Chr.), 30. Dynastie (380–342 v. Chr.) und 31. Dynastie (zweite persische Herrschaft, 342–332 v. Chr.). Nach wiederum erfolgter Einigung Ägyptens folgen mehrere, auch persische Herrscherdynastien in Ägypten. Versuch, Ägypten durch Rückbesinnung auf vergangene Epochen zu neuer Blüte zu führen. Namen der bekanntesten Herrscher: Psammetich, Apries, Amasis, Nektanebos.

Stele: aufrecht stehende, rechteckige oder oben gerundete Tafel aus Stein oder Holz mit bemalter oder reliefierter Vorderseite. Aufgestellt zum Gedenken an Verstorbene, an wichtige Ereignisse oder an Vertragsabschlüsse.

Sykomore: zur Gattung der Feigenbäume gehörender, bis 15 m hoher Baum mit ovalen Blättern und kleinen, feigenähnlichen Früchten; als heiliger Baum der Göttin Hathor v. a. im Gebiet von Memphis verehrt.

Taharqa: wichtigster König der 25. Dynastie, deren Herrscher aus dem Gebiet des heutigen Sudans stammten; Regierungszeit in Ägypten ca. 690–664 v. Chr. Ließ an zahlreichen Tempeln Ägyptens, wie z. B. in Karnak und Luxor, Anbauten und Kapellen errichten.

Tait: Göttin der Webkunst, »Herrin der Gewebe und Stoffe«, Schützerin der Gewänder und damit der Menschen, besonders des Königs. Spielte eine wichtige Rolle bei der Balsamierung, für die eine große Menge von Leinenbinden benötigt wurde.

Tal der Könige: verzweigtes Wadi (Trockental) im Kalksteinmassiv von Theben, auf dem Westufer des Nils. Diente als Bestattungsort sämtlicher Könige des Neuen Reiches, die sich nun anstelle einer Pyramide tief in den Felsen geschlagene Gräber anlegen ließen. Besondere Aufmerksamkeit erlangte das Tal im Jahr 1922 durch die spektakuläre Entdeckung des Grabes von Tutanchamun durch Howard Carter.

Tefnut: löwengestaltige Göttin der Finsternis bzw. der Mondhelligkeit; verkörpert zusammen mit ihrem Brudergatten Schu die Dimension der Zeit, den Wechsel von Licht und Finsternis bzw. von Tag zu Nacht.

Theben: das heutige Luxor. Stadt im südlichen Ägypten, etwa 650 km südlich von Kairo und 220 km nördlich von Assuan. Hauptstadt Ägyptens zu Beginn des Mittleren Reiches und während des größten Teils der 18. Dynastie. Religiöses Zentrum seit dem Mittleren Reich, Hauptkultort des Gottes Amun mit den Tempeln von Karnak und Luxor auf dem Ostufer des Nils; auf dem Westufer zahlreiche Totentempel der Könige des Neuen Reiches, darunter der berühmte Terrassentempel der Königin Hatschepsut.

Ti: häufig belegter Name von Privatpersonen, darunter der Besitzer eines der schönsten Gräber aus dem Alten Reich in Saqqara.

Totentempel: Tempel für den Kult des lebenden und des verstorbenen Herrschers, verbunden mit dem Kult des Gottes Amun, als dessen Sohn der König während des Neuen Reiches galt. Die Totentempel der Könige dieser Zeit liegen auf dem Westufer des Nils im antiken Theben, dem heutigen Luxor.

Toth: meist als ibisköpfiger Mann, aber auch als Pavian oder Ibis auftretender Mondgott, zuständig v. a. für den Kalender und die Berechnung der Zeit. Erfinder der Schrift, daher Schutzpatron der Schreiber. Hüter der Ordnung und des Wissens. Hauptkultort Hermupolis, etwa 280 km südlich von Kairo.

Traianus: römischer Kaiser, Regierungszeit 98–117 n. Chr. Sein Name ist in Ägypten auf zahlreichen Baudenkmälern belegt, darunter dem berühmten Kiosk auf der Insel von Philae, in den Tempeln von Dendera, Esna, Kom Ombo u. a.

Tschet: im Mittleren Reich häufig belegter Frauenname mit leicht variierender Schreibweise.

Tutanchamun: »Lebendiges-Abbild-des-Amun«. Zwölfter König der 18. Dynastie, Regierungszeit ca. 1333–1323 v. Chr. Berühmt durch sein nahezu unversehrt gefundenes Grab im Tal der Könige, das eine mehrere tausend Stücke zählende Grabausstattung enthielt, darunter einen Sarg aus purem Gold.

Tuthmosis: »Toth-ist-geboren«. Name von vier Königen der 18. Dynastie (1550–1292 v. Chr.); auch häufiger Name von Privatpersonen im Neuen Reich.

Tuthmosis I. Aa-cheper-ka-re: »Toth-ist-geboren Groß-an-Gestalt-und-Kraft-wie-Re«. Dritter König der 18. Dynastie, Regierungszeit ca. 1504–1492 v. Chr. Legte das erste sicher zugewiesene Grab im Tal der Könige an. Ließ zwei Obelisken in Karnak aufstellen. Vater der Königin Hatschepsut.

Tuthmosis IV. Men-cheperu-re: »Toth-ist-geboren Mit-bleibenden-Gestalten-wie-Re«. Achter König der 18. Dynastie, Regierungszeit ca. 1397–1388 v. Chr. Ließ den schon unter Tuthmosis III. gefertigten größten Obelisken Ägyptens (heute in Rom) in Karnak aufstellen. Befreite laut einer dort aufgestellten Stele den großen Sphinx in Giza vom Flugsand.

Uch-hetep: »(Der Gott)Uch-ist-gnädig«. Häufiger Name von Privatpersonen im Mittleren Reich, darunter der Inhaber eines Grabes in Meir, des Friedhofs der Gaufürsten des 14. Gaus von Oberägypten. Eine kleine Statue des Gaufürsten Uch-hetep aus der Zeit des Königs Sesostris' III. (1872–1853/52), die ihn zusammen mit seiner Familie zeigt, befindet sich heute im Ägyptischen Museum Kairo.

Udschat-Auge: Auge des falkengestaltigen Gottes Horus, das ihm im Kampf vom Gott Seth herausgerissen wurde, anschließend jedoch von Toth geheilt werden konnte. Aus diesem Grund beliebtes Schutzamulett und Symbol für körperliche Unversehrtheit.

Upuaut: schakal- oder hundegestaltiger, kriegerischer Gott, der anderen Göttern vorangeht und ihnen den Weg freimacht (»Öffner des Weges«). Hauptkultort Assiut, ca. 355 km südlich von Kairo.

Upuaut-necht: »Upuaut-ist-stark«. Im Mittleren Reich häufiger Name von Privatpersonen.

Wab-Priester: unterer Rang von Priestern für den Götterkult im Tempel. Schüler der Tempelschulen begannen ihre Dienste offenbar stets als Wab-Priester, bevor sie einen höheren Rang im Tempeldienst oder auch als Beamte im Staatsdienst bekleiden konnten.

Wadschet: meist als Schlange oder als Frau mit Löwenkopf dargestellte Landesgöttin von Unterägypten. Hauptkultort Buto im nordwestlichen Nildelta, etwa 145 nördlich von Kairo.

Wag-Fest: eines der zahlreichen Totenfeste, bei denen sich die Angehörigen der Verstorbenen mit zahlreichen Opfern, v.a. Nahrungsmitteln und Getränken, zum Grab des Toten begaben, um dort mit ihm bzw. für ihn ein Festmahl abzuhalten, das u.a. seiner Wiederbelebung dienen sollte. Das Wag-Fest fand in der Nacht vom 17. zum 18. Tag des ersten Monats der Überschwemmungsjahreszeit statt.

Zweite Zwischenzeit: umfasst 13. Dynastie (ca. 1794/93 – 171648/45 v. Chr.), 14. Dynastie (ca. 1750 – 1648/45 v. Chr.), 15. Dynastie (ca. 1648/45 – 1539/36 v. Chr.), 16. Dynastie (ca. 1648/45 – 1539/36 v. Chr.) und 17. Dynastie (ca. 1645 – 1550 v. Chr.). Zerfall der nationalen Einheit Ägyptens; nach stetiger Zuwanderung vorderasiatischer Siedler ins Nildelta Teilung des Landes in zwei Reiche, ein von den sog. Hyksos, asiatischen Zuwanderern beherrschtes Nordreich und ein von ägyptischen Königen regiertes Südreich.

LITERATUR

Altägyptische Texte in Übersetzung:

Assmann, Jan: Ägyptische Hymnen und Gebete, Zürich/München
   1975;
Brunner, Hellmut: Altägyptische Weisheit – Lehren für das Leben,
   Zürich/München 1991;
Brunner-Traut, Emma: Altägyptische Märchen – Mythen und andere
   volkstümliche Erzählungen, München ⁹1990;
Hornung, Erik: Ägyptische Unterweltsbücher, Darmstadt ²1984;
Hornung, Erik: Das Totenbuch der Ägypter, Zürich/München, 1990;
Hornung, Erik: Gesänge vom Nil – Dichtung am Hof der Pharaonen,
   Zürich/München 1990;

Kurth, Dieter: Treffpunkt der Götter – Inschriften aus dem Tempel
   des Horus von Edfu, Zürich/München 1994;
Schott, Siegfried: Altägyptische Liebeslieder mit Märchen und
   Liebesgeschichten, Zürich 1952.

Grammatiken:

Collier, Mark / Bill Manley: Hieroglyphen. Entziffern – lesen – ver-
   stehen, München 2001.
Gardiner, Alan: Egyptian Grammar, Oxford ³1979;
Junge, Friedrich: Syntax der mittelägyptischen Literatursprache,
   Mainz 1978;
Ockinga, Boyo G.: Mittelägyptische Grundgrammatik – Abriss der
   mittelägyptischen Grammatik, Mainz 1998.

Wörterbücher:

Hannig, Rainer: Großes Handwörterbuch Ägyptisch – Deutsch
   (2800 – 950 v. Chr.), Mainz 1995;
Hannig, Rainer: Großes Handwörterbuch Deutsch – Ägyptisch
   (2800 – 950 v. Chr.), Mainz 2000;

Hannig, Rainer / Petra Vomberg: Wortschatz der Pharaonen in
    Sachgruppen, Mainz 1999.

Geschichte / Kulturgeschichte:

Arnold, Dieter: Die Tempel Ägyptens – Götterwohnungen,
    Kultstätten, Baudenkmäler, Zürich 1992;
Baines, John / Jaromir Málek: Weltatlas der alten Kulturen – Ägypten,
    München 1980;
Beckerath, Jürgen von: Handbuch der ägyptischen Königsnamen,
    Mainz 1999;
Eggebrecht, Arne (Hg.): Das Alte Ägypten – 3000 Jahre Geschichte
    und Kultur des Pharaonenreiches, München 1984;
Germer, Renate: Das Geheimnis der Mumien, Zürich/München 1991;
Gutgesell, Manfred: Arbeiter und Pharaonen – Wirtschafts- und
    Sozialgeschichte im Alten Ägypten, Hildesheim 1989;
Hodel-Hoenes, Sigrid: Leben und Tod im Alten Ägypten – Thebani-
    sche Privatgräber des Neuen Reiches, Darmstadt 1991;
Hölbl, Günther: Geschichte des Ptolemäerreiches – Politik, Ideologie
    und religiöse Kultur von Alexander dem Großen bis zur römi-
    schen Eroberung, Darmstadt 1994;
Hölbl, Günther, Altägypten im Römischen Reich – Der römische
    Pharao und seine Tempel, Mainz 2000;
Hornung, Erik: Grundzüge der ägyptischen Geschichte, Darmstadt
    1992;
Hornung, Erik: Altägyptische Jenseitsbücher – Ein einführender
    Überblick, Darmstadt 1997;
Hornung, Erik: Tal der Könige – Die Ruhestätte der Pharaonen,
    Zürich/ München 1982;
Hornung, Erik: Der Eine und die Vielen – Ägyptische Gottesvorstel-
    lungen, Darmstadt 1990;
James, Thomas G. H.: Pharaos Volk, Leben im Alten Ägypten, Zürich/
    München 1988;
Robins, Gay: Frauenleben im Alten Ägypten, München 1996;
Schneider, Thomas: Lexikon der Pharaonen, Zürich 1994;
Schulz, Regine / Matthias Seidel (Hg.), Ägypten – Die Welt der
    Pharaonen, Köln 1997;
Westendorf, Wolfhart: Erwachen der Heilkunst – Die Medizin im
    Alten Ägypten, Zürich 1992.

 GABRIELE WENZEL studierte Ägyptologie, Vor- und Frühgeschichte und Ethnologie. Im Anschluss war sie mehrere Jahre Mitarbeiterin des Ägyptischen Museums München, wo sie unter anderem Sonderausstellungen konzipierte und betreute.

1990 wirkte sie bei der Konzeption, Einrichtung und Betreuung der ägyptischen Abteilung des Internationalen Keramikmuseums in Weiden mit, wo sie auch ein Vortragsprogramm zu allen Bereichen der ägyptischen Kultur aufbaute und durchführte. Daneben arbeitete sie außerdem intensiv in der Museumspädagogik im Münchner Stammhaus, machte zahlreiche Führungen und Kurse für Kinder und Erwachsene zu unterschiedlichsten Themen, besonders aber zum stets gefragten Thema der Hieroglyphen.

Frau Wenzel nahm an Ausgrabungen im Nildelta teil und arbeitete von 1997 bis 2000 als verantwortliche Ägyptologin bei einem von der Universität Potsdam durchgeführten Grabungs- und Dokumentationsprojekts im Ruinenfeld der antiken Stadt Bubastis. Seit 1997 ist sie auch freie Mitarbeiterin beim Bayerischen Rundfunk.

*Wenn Sie tiefer in die faszinierende Welt
der Pharaonen eintauchen wollen:*

400 Seiten · ISBN 3-485-00869-9

Cay Rademacher
Mord im Tal der Könige

Ein Krimi aus dem Alten Ägypten

*Rechmire, der junge Schreiber des Wesirs von The-
ben, macht bei der Aufklärung eines rätselhaften Mordfalls eine grauenhafte Entdeckung:
Ein Unbekannter hat Pharao Merenptah eine
tödliche Falle gestellt. Es bleibt nur wenig Zeit,
sonst stirbt der Gottkönig …
Ein Historienkrimi, der atemlose Spannung und hi-
storisches Detailwissen auf kunstvolle Weise
verbindet.*

nymphenburger

Besuchen Sie uns im Internet unter http://www.herbig.net